LA MORAL
ANARQUISTA

Título original: *La Morale anarchiste*, 1891, Paris.
Título: La moral anarquista.
Autoría: Piotr Alekséyevich Kropotkin.

1a edición noviembre de 2016, Barcelona.
2a edición, septiembre 2024 Barcelona.

Colección *Idees Negres*
Descontrol Editorial
C/ Constitució nº 19, Can Batlló, nau 85-90, 08014 Barcelona
www.descontrol.cat Telf. 93 4223787

ISBN: 978-84-18283-54-3
Depósito Legal: B 20099-2024

Edición y maquetación: Descontrol Editorial // editorial@descontrol.cat
Impreso en: Descontrol Impremta // impremta@descontrol.cat
Distribuye: Descontrol Distribució // distribucio@descontrol.cat

LA MORAL ANARQUISTA

PIOTR KROPOTKIN

PRÓLOGO DE FRANK MINTZ

EDITORIAL
DESCONTROL

IDEES
NEGRES

ÍNDICE

Piotr Alekséyevich Kropotkin
(Moscú, 9 de diciembre de 1842 - Dmítrov, 8 de febrero de 1921)

PRÓLOGO

El mundo cruel y despiadado del neoliberalismo o de la globalización, que es preferible llamar capitalismo a secas porque se asienta en las mismas bases de saqueo y masacre desde 1492, ostenta la moral para justificar guerras y asesinatos que le reportan una mayor ganancia inmediata. E ignora la ética cuando le conviene, o sea casi siempre.

¿Podemos actuar igual para defendernos? ¿Es la única moral útil la de amontonar dinero y poder?

Este ensayo de Kropotkin –publicado en 1890 en francés– cues- tiona, discute y propone soluciones. Dejando la forma torpe de imaginar un diálogo con animales, Kropotkin sigue eficaz porque se apoya en una actitud de identificación con la especie humana, sin paraíso ni infierno, sin jerarquía, estar con todos para que todos avancemos. "[...] Y cuando veas una iniquidad y la hayas comprendido –una iniquidad en la vida, una mentira en la ciencia o un sufrimiento impuesto por otro– rebélate contra la iniquidad, la mentira y la injusticia. ¡Lucha! La lucha es la vida, más intensa si la lucha es más viva. Y entonces habrás vívido, y por algunas horas de esta vida no darás años para estar vegetando en la podredumbre del pantano".

La violencia contra los explotadores es por lo tanto la base de la moral. La moral se construye edificando una sociedad justa para todos. Los privilegios son siempre la podredumbre de una sociedad: Estados Unidos y China hoy por hoy, la URSS ayer, encarnan un sarcasmo de moral. Y mientras existan sociedades de este tipo, habrá que luchar en su contra. Tal es el mensaje de Kropotkin.

Cuando el autor publicó este artículo tenía 48 años y era un exiliado político afincado en Londres que vivía de reseñas de libros y artículos científicos. Fue un revolucionario ruso atípico porque se decidió a los treinta años, abandonando la investigación científica en el ámbito internacional que lo había llevado al umbral de la academia de las ciencias de su país. Por eso sus escritos llevan la señal de la seriedad.

Kropotkin, al final de su vida, quiso redactar un libro sobre la Ética. A duras penas pudo escribir –sin concluir– el primero de los dos tomos previstos. De hecho, su obra contiene varias observaciones que he sintetizado, reuniendo igualmente citas de textos dirigidos a los propios militantes anarquistas. Permiten comprobar que Kropotkin no tenía un doble lenguaje: la moral tiene vigencia para todos. De no ser así, vamos a caer progresiva y paulatinamente en la sociedad explotadora actual.

Kropotkin no sacó su teoría de sesudas reflexiones, sino de fuentes concretas.

En primer lugar, de sus propias vivencias:

"Los años que pasé en Siberia me enseñaron muchas cosas que difícilmente habría podido aprender en otra parte. Compren- dí rápido la imposibilidad absoluta de obrar realmente de modo útil para las masas pasando por la máquina administrativa. Me liberé de esta ilusión para siempre jamás. Luego, comencé a com- prender no sólo a los hombres y los caracteres, sino también los resortes íntimos de la vida social. El trabajo edificador de las masas desconocidas, de que se habla tan escasamente en los libros, y la importancia de este trabajo edificador en la evolución de las formas sociales, se me aparecieron en plena luz. [...]

Por ser criado en una familia de propietarios de siervos, entré en la vida, como todos los jóvenes de mi tiempo, con una confianza muy definida en la necesidad de mandar, ordenar, reprender y castigar. Pero cuando, temprano por lo demás, tuve que dirigir empresas serias y que tratar con la gente, pudiendo provocar cualquier error graves consecuencias, empecé a apreciar la diferencia entre lo que se consigue por el mando y la disciplina y lo que se logra por la comprensión entre todos los interesados. El primer procedimiento conviene muy bien en una parada militar, pero no vale nada en la vida real, cuando la finalidad sólo se puede alcanzar por el esfuerzo serio de un gran número de voluntades convergentes"[1].

Luego se inspiró en su militancia revolucionaria:

"Lo que me llamaba más la atención, era que la influencia de Bakunin venía menos de su superioridad intelectual que de su personalidad moral. [...]

En 1869, Nechayev intentó fundar una sociedad secreta re- volucionaria [...] para alcanzar su meta, él empleaba los proce- dimientos de los antiguos conspiradores, ni siquiera retrocedía ante una mentira cuando quería obligar a sus socios a obedecerle. [...] El círculo de educación mutua, de que hablo [el de Chaykovsky], se había instituido en oposición a los métodos de Nechayev. Estos pocos amigos habían juzgado con mucha cordura que el desarrollo moral del individuo debe ser la base de toda organización, cualquier sea el carácter de la Revolución política que pueda tener luego, y cualquier sea el programa que pueda adoptar en el curso de los eventos"[2].

"Mentir es siempre envilecerse. Que sea por la causa o no, es siempre reconocerse inferior a quien se miente –reconocerse más débil–. Por eso el servilismo y la mentira, la mentira y el servilis- mo, han caminado siempre de la mano. [...] Si el robo nada vale, como principio revolucionario, vale menos aún como medio de acción[3]. [...] Pero tampoco son los que predican los pequeños medios de una sociedad servil quienes despertarán a las masas y derribarán a las sociedades. Hombres de otro temple <u>deben surgir para</u> comenzar la obra gigantesca de la Revolución.

1   *Memorias de un revolucionario*. Madrid, 1973. Traducción revisada.

2   Idem.

3   Se discutía en Francia a fines del siglo xix si el robo y la mentira, incluso entre compañeros, eran medios anarquistas o no. Kropotkin no pudo conocer la excep- ción que fueron García Olivier, Ascaso, Durruti y otros compañeros de España, Argentina, Rusia, etc., expropiadores que financiaban grupos y sindicatos, sin caer nunca en el provecho individual. (Véase la p. 38, una intuición de esos casos)."

Demasiado preocupados por su propio bienestar, demasiado poco capaces para el trabajo tenaz que la Revolución demanda, aquéllos pueden ayudar en la lucha inicial, pero se detienen a medio camino. La Revolución necesita trabajadores, hombres tenaces en el trabajo: la Revolución no sabe qué hacer con los aficionados y pronto los deja atrás"[4].

"Pero, ¡basta! Existen cosas tan elementales, que repugna incluso discutirlas por más tiempo; y si los anarquistas parisienses se han retardado tanto en estas discusiones, en ellas vemos una causa que para nosotros, prima sobre todo lo demás. Es que no se han dado perfecta cuenta del papel que desempeñan las masas en las revoluciones. Han creído hacer la revolución entre unos pocos, con la pluma por una parte y con el acto individual por la otra"[5].

Por fin, Kropotkin nunca opuso la moral a la realidad, como lo demuestran las resoluciones que redactó sobre la represión y el terrorismo, en 1906, ante las masacres del gobierno ruso, en un congreso de anarquistas rusos exiliados (véase el capitulo 3).

Kropotkin previó en 1892 el cambio revolucionario que Lenin acometió a partir de diciembre de 1917 con el despiadado terror rojo, que la burguesía republicana española de los 1932-1936 quiso domar y diezmar y que la cúpula de los dirigentes marxistas –leninistas hispano– soviéticos de 1936-1939 intentaron ahogar en sangre.

"Por mucho que se predique la paciencia, el pueblo ya no aguantará; y si todos los víveres no se ponen en común, saqueará las panaderías. Si el empuje del pueblo no es bastante fuerte, se le fusilará. Para que el colectivismo pueda establecerse, necesita, ante todo, orden, disciplina, obediencia. Y como los capitalistas advertirán muy pronto que hacer fusilar al pueblo por los que

---

4 Más sobre la moral, 1891, en Kropotkin *El anarquismo (Las prisiones, El salariado, La moral anarquista, Más sobre la moral)*, Caracas, Vértice, 1972.

5 *Op. cit.* Una aclaración, 1891; respuesta de Kropotkin a un partidario del robo. El movimiento anarquista estaba contaminado por gente que cultivaban su ombligo con el pretexto de la revolución social.

se llaman revolucionarios es el mejor medio de darle asco por la revolución, prestarán ciertamente su apoyo a los defensores del orden, aun a los colectivistas. Ya verán más tarde el medio de aplastar a éstos a su vez.

Si «se restablece el orden» de esta manera, las consecuencias son fáciles de prever. La represión no se limitará a fusilar a «los saquea- dores». Habrá que buscar «los promotores del desorden», restablecer los tribunales, la guillotina, y los revolucionarios más ardientes subirán al cadalso. [...] Si «el orden queda restablecido», los colectivistas guillotinarán a los anarquistas, los posibilistas guillotinarán a los colectivistas, que a su vez serán guillotinados por los reaccionarios. La revolución tendría que volver a empezar"[6].

"¿Quién tendrá derecho a los víveres comunes? Ésta será por cierto la primera cuestión que se plantee. Cada ciudad responderá según su contexto; estamos convencidos de que todas las respuestas estarán dictadas por el sentimiento de justicia. Mientras los trabajos no estén organizados, mientras dure el período de efervescencia y sea imposible distinguir entre el holgazán perezoso y el desocupado involuntario, los alimentos disponibles deben ser para todos sin excepción alguna. Quienes hayan resistido con las armas en la mano a la victoria popular, quienes hayan conspirado contra ella, se apresurarán por sí solos a liberar de su presencia el territorio insurrecto. Pero creemos que el pueblo, siempre enemigo de las represalias y magnánimo, compartirá el pan con todos los que hayan permanecido en su seno, ya sean expropiadores o expropiados. Si se inspira en esta idea, la revolución no habrá perdido nada; cuando se reanude el trabajo, se verá a los combatientes de la víspera encontrarse juntos en el mismo"[7].

En la sociedad antimoral en que nos toca vivir, las enseñanzas de Kropotkin abarcan tanto la vida individual, la vida de grupos

---

6   *La conquista del pan*, p. 70. Utopía Libertaria, Buenos Aires, 2005.
7   Ídem, p. 75.

como la sociedad y la humanidad. Con Kropotkin, denunciar y luchar contra la explotación capitalista es negarse a edificar un futuro que mantenga la pirámide de la jerarquía social.

Frank Mintz
Noviembre de 2004, enero de 2008

I

La historia del pensamiento humano recuerda las oscilaciones del péndulo, las cuales hace ya siglos que perduran. Después de un largo período de sueño, viene el despertar; y entonces se libera de las cadenas con las que todos los interesados —gobernantes, magistrados, clérigos— le habían cuidadosamente amarrado. Las rompe. Somete a severa crítica todo cuanto se le había enseñado; y pone al desnudo la vanidad de los prejuicios religiosos, políticos, legales y sociales en cuyo seno había vegetado. En aras de su espíritu de investigación se lanza por caminos desconocidos, enriquece nuestro saber con descubrimientos imprevistos: crea nuevas ciencias.

Pero el enemigo inveterado del pensamiento —el gobernante, el curial, el religioso— se rehace en seguida de la derrota. Reúne poco a poco sus diseminadas fuerzas, modifica su fe y sus códigos, adaptándolos a nuevas necesidades; y, valiéndose de ese servilismo de carácter y de pensamiento que él ha tenido buen cuidado en cultivar, aprovecha la desorganización momentánea de la sociedad, explotando la necesidad de reposo de éstos, la sed de riquezas de aquéllos, los desengaños de los otros —sobre todo los desengaños—, comienzan de nuevo y con calma su obra, apoderándose desde luego de la infancia, por la educación.

El espíritu del niño es débil, y fácil, por lo tanto, el someterle por terror: a esto apelan.

Le intimidan, y le pintan los tormentos del infierno, le hacen ver los sufrimientos de las almas en pena, la venganza de un Dios implacable; más tarde le hablarán de los horrores de la Revolución, explotarán cualquier exceso de los revolucionarios para hacer del niño *un amigo del orden*. El religiosos le habituará a la idea de ley para mejor hacerle obedecer lo que él llama la ley divina: el abogado le hablará también de la ley divina, para mejor someterle a los textos del código. Y el pensamiento de la generación siguiente tomará ese tinte religioso, ese tinte autoritario y servil a la par –autoridad y servilismo van siempre cogidos de la mano–, ese hábito de sumisión que demasiado se manifiesta entre nuestros contemporáneos.

Durante estos períodos de adormecimiento, raramente se discurre sobre cuestiones de moral. Las prácticas religiosas, la hipocresía judicial, les entretiene. No discuten; se dejan llevar por la costumbre, por la indiferencia. No se apasionan en pro ni en contra de la moral establecida; hacen lo que pueden para acomodar exteriormente sus actos a lo que dicen profesar; y el nivel moral de la sociedad desciende cada vez más.

Se llega a la moral de los romanos de la decadencia, del antiguo régimen, del fin del régimen burgués.

Todo lo que había de bueno, de grande, de generoso, de independiente en el hombre, se enmohece poco a poco, se oxida como un cuchillo sin uso. La mentira se convierte en virtud, el aplanamiento en deber.

Enriquecerse, gozar del momento, agotar su inteligencia, su ardor, su energía, no importa cómo, llega a ser el desiderátum de las clases acomodadas, así como también el de la multitud miserable, cuyo ideal es el de parecer burgués. Entonces la depravación de los gobernantes –del juez y de las clases más o menos acomodadas– se hace tan repulsiva, que la otra oscilación del péndulo se descompone.

La juventud se emancipa poco a poco, arroja los prejuicios por la borda, la crítica vuelve. El pensamiento despierta desde luego en algunos; pero insensiblemente el despertar gana la mayoría; dado el impulso, la revolución surge.

Y a cada momento la cuestión de la moral se pone sobre el tapete. ¿Por qué seguiré yo los principios de esta moral hipócrita? –se pregunta el cerebro emancipado del terror religioso–. ¿Por qué determinada moral ha de ser obligatoria?

Uno intenta entonces darse cuenta de ese sentimiento que le asalta a cada paso sin habérselo todavía explicado; y no lo entenderá en tanto lo crea un privilegio de la naturaleza humana, en tanto no descienda hasta los animales, las plantas, las razas, para comprenderle. Sin embargo, procura explicárselo según la ciencia del día.

Y –¿es preciso decirlo?– cuanto más se minan las bases de la moral establecida, o mejor, de la hipocresía que la sostiene, más el nivel moral se eleva en la sociedad. Sobre todo en esta época, precisamente cuando se la critica y se la niega, el sentimiento moral hace más rápidos progresos; crece, se eleva, se purifica.

Se ha visto en el siglo XVIII. Desde 1723. Mandeville, el autor anónimo que escandalizó a Inglaterra con su Fábula de las abejas y los comentarios que añadiera, atacó de frente la hipocresía de la sociedad disfrazada con el nombre de moral. Manifestaba cómo las costumbre sedicentes morales no son más que una máscara hipócrita; cómo las pasiones que se las cree dominar con el código de la moral vigente toman, por el contrario, una dirección tanto más perniciosa cuanto mayores son las restricciones de este mismo código. Cual Fourier lo hizo más tarde, pedía libertad para las pasiones, sin que por ello degeneren en vicio; y pagando en esto un tributo a la falta de conocimientos zoológicos de su tiempo, es decir, olvidando la moral de los animales, explicaba el origen de las ideas morales de la humanidad, por la adulación interesada de los curas y de las clases directoras.

Conócese la crítica vigorosa de las ideas morales hecha después por los filósofos escoceses y los enciclopedistas; conócese a los anarquistas de 1793, y se sabe entre quiénes se encuentra el más alto desarrollo del sentimiento moral, entre los legisladores, los patriotas, los jacobinos, que cantaban el deber y la sanción moral por el Ser supremo, o entre los atentos hebertistas, que negaban, como lo ha hecho recientemente Guyau, el deber impuesto y la sanción moral.

—*¿Por qué seré moral?* he aquí la pregunta que se hacían los racionalistas del siglo XII, los filósofos del siglo XVI, los filósofos y los revolucionarios del siglo XVIII. Más adelante esta pregunta se repitió de nuevo entre los preutilitarios ingleses (Bentham y Mill), entre los materialistas alemanes. como Büchner, entre los nihilistas rusos de los años 1860 a 1870, entre el joven fundador de la ética anarquista (La ciencia de la moral de las sociedades) —Guyau, muerto, por desgracia, demasiado pronto, y entre los jóvenes anarquistas franceses, hoy. En efecto, ¿por qué?

Hace treinta años esta misma cuestión apasionó a la juventud rusa.

«Yo seré inmoral», acababa de decir un joven nihilista a un su amigo, traduciendo a la ligera los pensamientos que le atormentaban. —Será inmoral, ¿por qué no lo seré?

—¿Porque la Biblia no lo quiere? Pero la Biblia no es más que una colección de tradiciones babilónicas y judaicas, tradiciones coleccionadas, como lo fueron los cantos de Homero o las leyendas mongolas. ¿Debo, pues, volver al estado de ánimo de los pueblos semibárbaros del Oriente?

¿Lo seré porque Kant me habla de un imperativo categórico, de una orden misteriosa que sale del fondo de mí mismo y me ordena ser moral? Pero ¿por qué ese «imperativo categórico» ha de tener más derecho sobre mis actos que ese otro imperativo que de vez en cuando me incita a la embriaguez? ¡Palabras, nada más que palabras, como la de Providencia o Destino, inventada para cubrir nuestra ignorancia!

¿O bien seré moral, para agradar a Bentham, quien me quiere hacer creer que seré más feliz si me ahogo por salvar a un transeúnte caído en el río, que si le miro ahogarse?

¿O bien quizá, porque tal es mi educación? ¿Porque mi madre me ha enseñado la moral? Pero entonces deberé arrodillarme ante la pintura de un cristo, o de una madona, respetar al rey o al emperador, inclinarme ante el juez que sé que es un canalla, únicamente porque mi madre, nuestras madres.–muy buenas, pero ignorantes– nos han enseñado un montón de tonterías?

Prejuicios, como todo lo demás; trabajaré para desembarazarme de ellos. Si me repugna ser inmoral, me esforzaré por serlo como de adolescente me esforzaba para no temer la oscuridad, el cementerio, los fantasmas y los muertos, con los cuales me habían amedrentado. Lo haré para romper un arma explotada por las religiones; lo haré, en fin, para protestar contra la hipocresía que pretenden imponerme en nombre de una palabra a la cual se ha denominado moralidad.»

Tal era el razonamiento que la juventud rusa se hacía en el momento de romper con los prejuicios del viejo mundo y enarbolar la bandera del nihilismo o mejor, de la filosofía anarquista: *No inclinarse ante ninguna autoridad por respetada que sea; no aceptar ningún principio en tanto no sea establecido por la razón.*

¿Será preciso añadir que la juventud nihilista, después de arrojar al cesto la enseñanza moral de sus padres, quemando todos los sistemas que de ella tratan, ha desarrollado en su seno un cúmulo de costumbres morales infinitamente superiores a todo lo que sus padres habían nunca practicado, bajo la tutela del Evangelio, de la conciencia, del imperativo categórico o del interés bien comprendido de los utilitarios?

Pero antes de responder a la pregunta: *¿Por qué, seré moral?*, veamos primero si la tal cuestión está bien planteada: analicemos las causas de los actos humanos.

II

Cuando nuestros abuelos quisieron darse cuenta de lo que impulsa al hombre a obrar de un modo mejor que otro lo consiguieron de manera muy sencilla. Pueden verse todavía las imágenes católicas que representan su explicación. Un hombre marcha a través de los campos con decisión, sin asomo de duda; lleva un ángel en el hombro derecho y otro en el izquierda.

El diablo le empuja a hacer el mal, el ángel trata de contenerle; y si el ángel ha vencido, el hombre es virtuoso; otros tres ángeles se apoderan de él y lo transportan al cielo. Todo se explica así a maravilla.

Nuestras viejas abuelas, bien instruidas sobre este particular, nos dirán que es preciso no meter a un niño en la cama sin, desabrochar el cuello de la camisa. Hay que dejar abierto en la base del cuello un lugar bien caliente donde el ángel guardián pueda cobijarse. Sin esta precaución el diablo atormentaría al niño hasta en el sueño.

Estas sencillas ideas van desapareciendo; pero si las anacrónicas palabras se borran, la esencia es siempre la misma. Las gentes instruidas no creen ya en el diablo, pero sus ideas no son más racionales que las de nuestras abuelas; disfrazan a aquél bajo una palabrería escolástica honrada con el nombre de la filosofía. En lugar del diablo dirán ahora la carne, las pasiones; el ángel será reemplazado con las palabras conciencia o alma −reflejo del pensamiento de un Dios creador−, o del gran arquitecto, como dicen los francmasones. Pero los actos del hombre son siempre considerados como resultantes de la lucha librada entre dos elementos hostiles; y el hombre es tenido por tanto más virtuoso cuanto que uno de estos dos elementos −el alma o la conciencia− haya conseguido mayor victoria sobre el otro −la carne o las pasiones.

Fácilmente se comprende la admiración de nuestros abuelos cuando los filósofos ingleses, y más tarde los enciciopedistas, vinieron a afirmar, en contra de sus primitivas concepciones, que el diablo o el ángel no tienen nada que ver en los actos humanos, sino que todos ellos, buenos o malos, útiles o nocivos, derivan de un solo impulso: la consecución del placer.

Toda la turbamulta religiosa, y sobre todo, la numerosa tribu de los fariseos, clamaron contra la inmoralidad. Se llenó de invectivas a los pensadores, se les excomulgó. Y cuando, en el transcurso de nuestro siglo, las mismas ideas fueron expresadas por Bentham, John Stuart Mill, Tchernykeaky y tantos otros, y que estos pensadores vinieron a afirmar y a probar que el egoísmo o la consecución del placer es el verdadero impulso de todos nuestros actos, las maldiciones se redoblaron: hízose contra sus libros la conspiración del silencio, tratando de ignorantes a sus autores.

Y, sin embargo, ¿qué más verdadero que esa afirmación?

Ved un hombre que arrebata el último bocado de pan al niño. Todos están acordes en decir que es un tremendo egoísta, que está exclusivamente guiado por el amor a sí mismo.

Pero mirad otro hombre considerado como virtuoso: parte su último bocado de pan con el que tiene hambre, se despoja de su ropa para darla al que tiene frío; y los moralistas, hablando siempre la jerga religiosa, se apresuran a decir que ese hombre lleva el amor del prójimo hasta la abnegación, que obedece a una pasión opuesta en todo a la del egoísta.

Mas, si reflexionamos un poco, presto descubriremos que, por diferentes que sean las dos acciones en sus resultados para la humanidad, el móvil ha sido siempre el mismo: la consecución del placer.

Si el hombre que da la única camisa que posee no encontraba en ello un placer, no la daría. Si lo hallara en quitar el pan al niño, se lo quitaría.

Pero esto le repugna; y encontrando mayor satisfacción en dar su pan, lo da.

Si no hubiera inconveniente en crear la confusión, empleando palabras que tienen una significación establecida, para darles nuevo sentido, diríamos que uno y otro obran a impulsos de su egoísmo. Algunos lo han dicho abiertamente a fin de hacer resaltar mejor el pensamiento, precisar la idea, presentándola bajo una forma que hiera la imaginación, destruyendo a la vez la leyenda de que dos actos tienen dos impulsos diferentes. Tienen el mismo fin: buscar el placer o esquivar el dolor, que viene a ser lo mismo.

Tomad al más depravado de los malvados, Thiers, que asesina a más de treinta y cinco mil parisienses; al criminal que degüella a toda una familia para enfangarse en el vicio. Lo hacen porque en aquel momento el deseo de gloria, o el ansia del dinero, ahogan en ellos todos los demás sentimientos: la piedad, la compasión misma, se hallan extinguidas en aquel instante por ese otro deseo, esa otra ansiedad. Obran casi automáticamente para satisfacer una necesidad de su naturaleza.

O bien, dejando a un lado las grandes pasiones, tomad el hombre ruin que engaña a los amigos, que miente a cada paso, ya por sustraer a alguno el importe de un bock, ya por vanagloria, ora por astucia; al burgués que roba céntimo a céntimo a los obreros para comprar un aderezo a su mujer o a su querida, a cualquier picaruelo; aun ese mismo no hace más que obedecer a sus inclinaciones: busca la satisfacción de una necesidad, trata de evitar lo que para él sería una molestia.

Casi nos avergonzamos de tener que comparar ese granujilla con cualquiera de los que sacrifican su existencia por la liberación de los oprimidos y sube al cadalso, como un nihilista ruso.

Tal diferencia hay en los resultados de esas dos existencias para la humanidad, que nos sentimos atraídos por la una y rechazados por la otra.

Y, no obstante, si hablarais a ese mártir, a la mujer que va a ser ahorcada, en el momento mismo, en que sube al cadalso, os diría que no cambiaría su vida de bestia acosada por los perros del Zar, ni su trágica muerte, por la vida del pícaro que vive de los céntimos robados a los trabajadores.

En su existencia, en la lucha contra los monstruos poderosos, encuentra sus mayores goces. Todo lo demás, a excepción de esta lucha, los pequeños goces del burgués y sus pequeñas miserias, ¡le parecen tan mezquinas, tan fastidiosas, tan tristes! —¡Vosotros no vivís, vegetáis! respondería ella—; ¡pero yo he vivido! Hablamos evidentemente de los actos razonados, conscientes del hombre, reservándonos hablar más adelante de esa inmensa serie de actos inconscientes, casi maquinales, que llenan la mayor parte de nuestra vida. Ahora bien, en sus actos razonados o conscientes el hombre busca aquello que le agrada.

Tal se embriaga y embrutece porque busca en el vino la excitación nerviosa que no encuentra en su organismo; tal otro no se emborracha porque halla una gran satisfacción dejando el vino y gozando en conservar la frescura de su inteligencia y la plenitud de sus fuerzas, a fin de poder saborear otros placeres que prefiere a los del vino. Pero ¿qué hacer sino obrar como el gourmet que después de haber leído el menú de una comida renuncia a un plato de su gusto para hartarse, sin embargo, de otro más preferido?

Cualesquiera que sean sus actos, el hombre busca siempre un placer o evita un dolor. Cuando una mujer se priva del último bocado de pan para dárselo al priniero que llega, cuando se quita el último harapo para cubrir a otra que tiene frio, y ella misma tirita sobre el puente del navío, lo hace porque sufriría infinitamente más de ver a un hombre hambriento o una mujer con frío que tiritar ella misma o sufrir el hambre. Evita una pena cuya intensidad sólo conocen los que la han sufrido.

Cuando aquel australiano citado por Guyau se desesperaba con la idea de no haber vengado aún la muerte de su pariente; cuando se hallaba roído por la conciencia de su cobardía, no recobrando la salud hasta después de haber realizado su venganza, hizo un acto tal vez heroico para desembarazarse del sufrimiento que le asediaba, para reconquistar la paz interior, que es el supremo placer.

Cuando una banda de monos ha visto caer a uno de los suyos herido por la bala del cazador, sitian su tienda para reclamar el cadáver, a pesar de las amenazas de ser fusilados; cuando, por fin, el jefe de la banda entra con decisión, amenazando primero al cazador, suplicando después y obligándole, por fin, con sus lamentos a devolverle el cadáver, que la banda lleva gimiendo al bosque, los monos obedecen al sentimiento de condolencia, más fuerte en ellos que todas las consideraciones de seguridad personal. Este sentimiento ahoga todos los otros.

La vida pierde para ellos sus atractivos, en tanto no se aseguren de la imposibilidad de volver de nuevo a su camarada la existencia. Tal sentimiento llega a ser tan opresivo, que los pobres animales lo arriesgan todo por desembarazarse de él.

Cuando las hormigas se arrojan por millares en las llamas de un hormiguero, que esta bestia feroz, el hombre, ha incendiado, y perecen por centrarse por salvar sus larvas, obedecen también a una necesidad, la de conservar su prole. Lo arriesgan todo por tener el placer de llevarse sus larvas, que han cuidado con más cariño que muchos burgueses cuidan de sus hijos.

En fin, cuando un infusorio esquiva un rayo demasiado fuerte del sol y va a buscar otro menos ardiente, o cuando una planta vuelve sus flores al sol o cierra sus hojas al acercarse la noche, ambos obedecen también a la necesidad de evitar un dolor o de buscar el placer; igual que la hormiga, el mono, el australiano, el mártir cristiano o el mártir anarquista.

Buscar el placer, evitar el dolor, es el hecho general (otros dirían la ley) del mundo orgánico: es la esencia de la vida.

Sin este afán por lo agradable, la existencia sería imposible. Se disgregaría el organismo, la vida cesaría.

Así, pues, cualquiera que sea la acción del hombre, cualquiera que sea su línea de conducta, obra siempre obedeciendo a una necesidad de su naturaleza.

El acto más repugnante, como el más indiferente, o el más atractivo, son todos igualmente dictados por una necesidad del individuo. Obrando de una o de otra manera el individuo lo hace porque en ello encuentra un placer, porque se evita de este modo o cree evitarse una molestia.

He aquí un hecho perfectamente determinado, la esencia de lo que se ha llamado la teoría del egoísmo.

Ahora bien, ¿hemos adelantado algo más, después de haber llegado a esta conclusión general?

—Sí, ciertamente. Hemos conquistado una verdad y destruido un prejuicio, que es la raíz de todos los prejuicios. Toda la filosofía materialista en su relación con el hombre se halla en esta conclusión. ¿Pero se sigue de esto que todos los actos del individuo son indiferentes, como así han querido sostenerlo?

Veámoslo.

III

Hemos visto que las acciones del hombre, razonadas o conscientes (más adelante hablaremos de los hábitos inconscientes) tienen todas el mismo origen. Los llamados virtuosos y los que se denominan viciosos, las grandes adhesiones como las pequeñas socaliñas, los actos elevados como los repulsivos, derivan de la misma fuente. Hechos son todos que responden a naturales necesidades del individuo.

Tienen por objeto buscar el placer, el deseo de huir del dolor.

Lo hemos manifestado en el capítulo precedente, que no es sino un resumen muy sucinto de multitud de hechos que podrían ser citados en su apoyo.

Compréndese que esta explicación repugne a quienes están todavía imbuidos por los principios religiosos, porque no deja espacio para lo sobrenatural y desecha la idea de la inmortalidad del alma. Si el hombre no obra más que obedeciendo a una necesidad natural, si no es, por así decirlo, más que un «autómata consciente», ¿qué será el alma inmortal, qué será la inmortalidad, último refugio de los que han conocido poco el placer y demasiado el dolor, y que sueñan con hallar la compensación en el otro mundo?

Se comprende que, fuertes en los prejuicios, poco confiados en la ciencia que les ha engañado a menudo, guiados por el sentimiento más que por la razón, rechacen una verdad que les quita su única esperanza.

Pero ¿qué decir de esos revolucionarios que desde el siglo XVIII hasta nuestros días, siempre que oyen por primera vez la primera explicación natural de los actos humanos (la teoría del egoísmo si se quiere) se apresuran a sacar la misma conclusión que la juventud nihilista de quienes hablamos al principio, los cuales tienen prisa por gritar: *¡Abajo la moral!*?

¿Qué decir de los que, persuadidos de que el hombre no obra sino para responder a necesidades orgánicas, se apresuran a afirmar que todos los actos son indiferentes; que no hay bien ni mal; que salvar a un hombre que se ahoga, o ahogarle para apoderarse de su reloj, son dos casos equivalentes; que el mártir muriendo sobre el cadalso por haber trabajado en emancipar a la humanidad, y el pícaro robando a sus compañeros se equivalen, puesto que los dos intentan procurarse un placer?

Si añadieran siquiera que no debe haber olor bueno ni malo, perfume en la rosa, hedor en la asefétida, porque uno y otro no son más que vibraciones de las moléculas; que no hay gusto bueno ni malo, porque la amargura de la quinina y la dulzura de la guayaba no son tampoco sino vibraciones moleculares; que no hay hermosura ni fealdad físicas, inteligencia ni imbecilidad, porque belleza y fealdad, inteligencia o imbecilidad no son tampoco más que resultados de vibraciones químicas y físicas que se operan en las células del organismo, si agregaran eso podría aún decirse que chochean, pero que tienen por lo menos la lógica del necio.

Mas como no lo dicen, ¿qué consecuencia podemos sacar de ello?

Nuestra respuesta es sencilla. Mandeville, en 1723, en la Fábula de las abejas; el nihilista ruso de los años 1860-70; tal cual anarquista parisiense de nuestros días, razonan así porque, sin creerlo, se hallan aún imbuidos por los prejuicios de su educación cristiana. Por ateos, por materialistas o por anarquistas que se digan, razonan exactamente como razonaban los padres de la Iglesia o los fundadores del budismo.

Los ancianos nos dicen, en efecto: «El acto será bueno si representa una victoria del alma sobre la carne; será malo si es la carne quien ha dominado al alma; será indiferente si no ha habído vencedor ni vencido: no hay otra regla para juzgar de la bondad del becho.»

Los padres de la Iglesia decían: «Ved las bestias, no tienen alma inmortal, sus actos están simplemente condicionados para responder a una de las necesidades de la naturaleza: he ahí por que no puede haber entre los animales actos buenos y malos, todos son indiferentes; por lo tanto, no habrá para los animales ni paraíso ni infierno, ni recompensa ni castigo». Y nuestros jóvenes amigos toman el dicho de San Agustín y de San Shakyamuni y dicen: «El hombre no es más que una bestia; estos actos están sencillamente condicionados para responder a una necesidad de su organismo; por lo tanto, no puede haber para el hombre actos buenos ni malos; todos son indiferentes».

¡Siempre la maldita idea de pena y de castigo sale al paso de la razón: siempre esa absurda herencia de la enseñanza religiosa prefiriendo que el acto es bueno si viene de una inspiración sobrenatural e indiferente si tal origen le falta; y siempre, aun entre los que más se ríen de ello, la idea del ángel sobre el hombro derecho y del diablo sobre el izquierdo!

«Suprimid el diablo y el ángel y no sabré deciros ya si tal acto es bueno o malo, pues no conozco otra razón para juzgarle». Mientras exista el cura, existirán el demonio y el ángel, todo el barniz materialista no bastará para ocultarlo.

Y, lo que es peor aún, mientras exista el juez, existirán sus penas de azotes a unos, y sus recompensas cívicas a otros, y los mismos principios de la anarquía no bastarán para desarraigar la idea de castigo y recompensa.

Pues bien; nosotros, que no queremos juez, decimos simplemente: ¿El asefétida hiere, la serpiente me muerde, el embustero me engaña?

La planta, el reptil y el hombre, los tres, obedecen a una razón natural. Sea.

Ahora bien; yo obedezco también a una necesidad propia, odiando la planta que hiede, el animal que mata con su veneno, y el hombre, que es aún más venenoso que la serpiente. Y obraré en consecuencia sin dirigirme por eso ni al diablo, que además no conozco, ni al juez, que detesto más aún que a la serpiente. Yo, y todos los que comparten mis simpatías, obedecemos también a una condición de nuestro propio temperamento. Veremos cuál de los dos tienen en ello la razón y, por ende, la fuerza.

Esto es lo que vamos a estudiar; y, por lo mismo, observaremos que si los San Agustín no tenían otra base para distinguir entre el bien y el mal, los animales tienen otra mucho más eficaz. El mundo animal en general, desde el insecto hasta el hombre, sabe perfectamente lo que es bueno y lo que es malo sin consultar para ello la Biblia ni la filosofía. Y si esto es así, la causa está también en las necesidades de su organismo, en la conservación de la raza, y, por lo tanto, en la mayor suma posible de felicidad para cada individuo.

IV

Para distinguir el bien del mal, los teólogos mosaicos, budistas, cristianos y musulmanes recurrían a la inspiración divina. Veían que el hombre, salvaje o civilizado, iletrado o docto, perverso o bueno y honrado, sabe siempre si obra bien o si obra mal, sobre todo, esto último; pero no encontrando explicación de este hecho general, han visto en ello la inspiración celeste.

Los filósofos metafísicos nos han hablado a su vez de conciencia, de imperativo místico, lo que, por otra parte, no era más que un cambio de palabras.

Mas ni los unos ni los otros han sabido demostrar el hecho tan sencillo y tan palpable de que los animales que viven en sociedad saben distinguir entre el bien y el mal igual que el hombre. Y, lo que es más, que sus concepciones sobre este particular son en absoluto del mismo género que las del hombre. Entre los tipos mejor desarrollados de cada clase separada —pescados, insectos, aves, mamíferos— son hasta idénticos.

Los pensadores del siglo xviii lo habían notado claramente; pero se les ha olvidado después, siendo a nosotros a quien toca ahora hacer comprender toda su importancia.

Forel, ese observador inimitable de las hormigas, ha demostrado, con una multitud de observaciones y de hechos, que cuando una hormiga se ha hartado de miel encuentra a otras hormigas con el vientre vacío, éstas le piden inmediatamente de comer y entre estos pequeños insectos es un deber para la hormiga satisfecha devolver la miel, a fin de que las hormigas hambrientas puedan satisfacerse a su vez. Preguntad a las hormigas si harían bien rehusando el alimento a sus compañeras habiendo satisfecho su hambre, y os responderán con sus propios actos, fáciles de comprender, que se portarían muy mal si tal hicieran. Hormiga tan egoísta sería tratada con más dureza que los enemigos de otra especie. Si esto ocurriera durante un combate entre dos especies distintas, abandonarían la lucha para encarnizarse con la egoísta. Esto demostrado se halla por experiencias que no dejan el menor asomo de duda.

O, mejor, preguntad a los pájaros que anidan en vuestro jardín si está bien no advertir a toda la banda que habéis arrojado algunas miguitas de pan en él, con el fin de que todos puedan participar de la comida; preguntadles si tal friquet (variedad de gorrión) ha obrado bien robando del nido de su vecino los tallos de paja que éste había recogido, y que el ladronzuelo no quiere tomarse el trabajo de realizar por sí mismo. Y los gorriones os responderán que eso está muy mal hecho, arrojándose todos sobre el ladrón y persiguiéndole a picotazos.

Preguntad también a las marmotas si está bien cerrar la entrada de su almacén subterráneo a las demás compañeras de colonia, y os responderán que no, haciendo toda clase de aspavientos a la avariciosa.

Preguntad, en fin, al hombre primitivo, al Tchouktche, por ejemplo, si está bien tomar comida de la tienda de uno de los miembros de la tribu en su ausencia, y os responderá que, si el hombre podía procurarse el alimento por sí mismo, eso hubiera sido muy mal hecho, pero que si estaba fatigado o necesitado, debía tomar el alimento allá donde quiera que lo encontrara. Mas en este caso habría hecho bien en dejar su gorra o su cuchillo, o siquiera un cabo de cuerda con un nudo, a fin de que el cazador ausente pudiera saber al entrar que ha tenido la visita de un amigo, y no la de un merodeador. Esta precaución le hubiera evitado los cuidados que le proporcionara la posible presencia de un merodeador en los alrededores de su tienda.

Millares de hecho semejantes podrían citarse, libros enteros podrían escribirse para mostrar cuán idénticas son las concepciones del bien y del mal, en el hombre y en los animales.

La hormiga, el pájaro, la marmota y el Tchouktche salvaje no han leído a Kant ni a los santos padres ni aun a Moisés; y, sin embargo, todos tienen la misma idea del bien y del mal. Si reflexionáis un momento acerca de lo que hay en el fondo de esa idea, veréis al instante que lo que se observa bueno entre las hormigas, las marmotas y los moralistas cristianos o ateos es lo que se considera útil para la conservación de la especie, y lo que se ve malo es lo que se considera perjudicial; no para el individuo, como decían Bentham y Mill, sino hermoso y bueno para la especie entera. La idea del bien y del mal no tiene así nada que ver con la religión o la misteriosa conciencia; es una necesidad de las especies animales. Y cuando los fundadores de religiones, los filósofos y los moralistas, nos hablan de entidades divinas y metafísicas, no hacen más que recordarnos lo que las hormigas, los pájaros, practican en sus pequeñas colectividades: ¿Es útil a la colonia? Luego es bueno.

¿Es nocivo? Entonces es malo.

Esta idea puede hallarse muy restringida entre los animales inferiores o muy desarrollada entre los más avanzados; pero su esencia es siempre la misma.

Para las hormigas no sale del hormiguero. Todas las costumbres sociales, todas las reglas de bienestar, no son aplicables más que a los individuos del mismo hormiguero. Es preciso devolver el alimento a los miembros de la colonia, nunca a los otros. Una colectividad se confundirá con la otra, a menos que circunstancias excepcionales, tal como la destreza común a las dos, lo exijan. Del mismo modo, los gorriones del Luxemburgo, tolerándose de manera admirable, harán una guerra encarnizada a cualquier otro gorrión del square Monge que se atreviera a internarse en el Luxemburgo. El Tchouktche considerará al Tchouktche de otra tribu como un personaje sin derecho a que le sean aplicados los usos de la tribu. Les está permitido vender (vender es más o menos robar al comprador: entre los dos hay siempre engaño), mientras sería un crimen vender a los de su propia tribu: a éstos no se vende; se les da, sin tenerlo en cuenta jamás. Y el hombre civilizado, comprendiendo, en fin, las íntimas relaciones, aunque imperceptibles al primer golpe de vista, entre sí y el último de los papuas, extenderá sus principios de solidaridad a toda la especie humana y hasta a los animales. La idea se ensancha, pero el fondo es siempre el mismo.

El hombre primitivo podría encontrar muy bueno, es decir, muy útil a la raza, comerse a sus padres ancianos cuando llegan a ser una carga (muy pesada en el fondo) para la comunidad, Podría también encontrar bueno, es decir, para la comunidad matar a los niños recién nacidos y no guardar más que dos o tres de ellos por familia, a fin de que la madre pudiera amamantarlos hasta la edad de tres años y prodigarles su ternura.

Hoy las ideas han cambiado; pero los medios de subsistencia no son ya lo que eran en la edad de piedra. El hombre civilizado no está en la situacíon de la familia salvaje, la cual había de elegir entre dos males: o bien comerse a los ancianos o bien alimentarse todos insuficientemente y pronto encontrarse reducidos a no poder alimentar a los viejos ni a los pequeñuelos. Es preciso transportarse a esas dos edades, que apenas podemos evocar en nuestra imaginación, para comprender, que en aquellas circunstancias el hombre semisalvaje pudiera razonar con bastante acierto.

Los razonamientos pueden cambiar. La apreciación de lo que es útil o nocivo a la especie cambia, pero el fondo es inmutable. Y si se quisiera resumir toda esta filosofía del reino animal en una sola frase se vería que hormigas, pájaros, marmotas y hombres están de acuerdo en un punto determinado.

Los cristianos decían: No hagas a otro lo que contigo no quisieras sea hecho. Y añadían: Si no, serás arrojado al infierno.

La moralidad que se desprende de la observación de todo el conjunto del reino animal, superior en mucho a la precedente, puede resumirse así: Haz a los otros lo que quieras que ellos te hagan en igualdad de circunstancias.

Y añade:

> «Nota bien que esto no es más que un consejo; pero ese consejo es el fruto de una larga experiencia de la vida de los animales asociados y entre la inmensa multitud de los que viven en sociedad, comprendiendo al hombre, obrar según ese principio ha pasado al estado de hábito».

Sin ello, además, ninguna sociedad podría vencer los obstáculos naturales contra los cuales tiene que luchar.

¿Este principio tan sencillo es el que se desprende de la observación de los animales que viven en colectividad y de las sociedades humanas? ¿Es aplicable? ¿Y cómo pasa ese concepto al estado de costumbre, en constante desarrollo? Esto es lo que vamos a examinar ahora.

V

La idea del bien y del mal existe en la humanidad. El hombre, cualquiera que sea el grado de desarrollo intelectual que haya alcanzado, por oscurecidas que estén sus ideas en los prejuicios y el interés personal, considera generalmente como bueno lo que es útil a la sociedad en la que vive, y como malo lo que es nocivo.

Mas, ¿de dónde viene esa concepción tan vaga con frecuencia que apenas podría distinguirse de una aspiración? He ahí millones de seres humanos que nunca han pensado en su especie. La mayor parte no conocen más que el clan o la familia, difícilmente la nación –y aún más raramente, la humanidad–. ¿Cómo se pretende que puedan considerar como bueno lo que es útil a la especie humana, ni aun llegar al sentimiento de solidaridad con su clan, a pesar de sus instintos estrechamente egoístas?

Tal hecho ha preocupado mucho a los pensadores de algunos otros libros sobre este asunto. A nuestra vez vamos a dar tiempos. Continúa intrigándoles, y no pasa año que no escriban nuestra opinión sobre las cosas; pero digamos de paso que si la explicación del hecho puede variar, el hecho mismo no permanece por ello menos incontestable; y aun cuando nuestra explicación no fuera todavía la verdadera, o que no fuera completa, él, con sus lógicas consecuencias para el hombre, siempre persistiría.

Podemos no comprender enteramente el origen de los planetas que giran alrededor del Sol; los planetas girarán, sin embargo y uno de ellos nos arrastra consigo en el espacio.

Ya hemos hablado de la explicación religiosa. Si el hombre distingue entre el bien y el mal, dicen los hombres religiosos, es que Dios le ha inspirado esta idea. Util o nociva, no admite discusion; no hay más sino obedecer a la idea de su creador. No nos detengamos en ella, fruto del terror y de la ignorancia del salvaje. Pasemos.

Otros, como Hobbes, han intentado explicarla por la ley. Sería la ley la que había desarrollado en el hombre el sentimiento de lo justo y de lo injusto, del bien y del mal. Nuestros lectores apreciarán por sí mismos esta explicación.

Saben que la ley ha utilizado sencillamente las aspiraciones sociales del hombre para deslizarle, con preceptos de moral por él aceptados, órdenes útiles a la minoría de los explotadores, a los cuales rechazaba. Ha pervertido el sentimiento de justicia en lugar de desarrollarlo.

Prosigamos aún.

No nos detengamos tampoco en la de los utilitarios. Quieren que el hombre obre moralmente por interés personal, y olvile sus sentimientos de solidaridad que existen, cualquiera que sea su origen. Hay algo de verdad en ello, pero no es aún toda la verdad. Sigamos adelante.

Será siempre a los pensadores del siglo XVIII a quienes pertenece la gloria de haber adivinado, en parte por lo menos, el origen del sentimiento moral.

En un libro soberbio, alrededor del cual la clerigalla ha hecho el silencio, y es, en efecto, poco conocido por la mayor parte de los pensadores, hasta de los antirreligiosos, Adam Smith ha puesto el dedo sobre el verdadero origen del sentimiento moral. No va a buscarlo en las ideas religiosas o místicas; lo encuentra en el simple sentimiento de simpatía.

Veis que un hombre pega a un niño; comprendéis que el niño apaleado sufre; vuestra imaginación hace sentir en vosotros el mal que se le inflinge, o bien sus lloros, su compungida carita os lo dice; y, si no sois un cobarde, os arrojáis sobre el hombre que pega al niño, se lo arrancáis a la fuerza.

Este ejemplo por sí solo explica casi todos los sentimientos morales. Cuando más poderosa es vuestra imaginación, mejor podéis comprender lo que siente un ser afligido, y más intenso, más delicado será vuestro sentimiento moral, más compelidos os veréis a sustituir a ese otro individuo; con mayor agudeza sentiréis el mal que se le haga, la injuria que le ha sido inferida, la injusticia de la cual ha sido víctima; mayor será vuestra inclinación a impedir el mal, la injuria o la injusticia; más habituado estaréis por las circunstancias, por los que os rodean, o por la intensidad de vuestro propio pensamiento y de vuestra propia imaginación a obrar en el sentido en que el pensamiento y la imaginación os empujan. Cuanto mayor sea en vosotros ese sentimiento moral, mayor predisposición tendrá para constituirse en hábito.

Eso es lo que Adam Smith desarrolla con abundancia de ejemplos. Era joven cuando escribió ese libro, infinitamente superior a su obra senil *La economía política*. Libre de todo prejuicio religioso, buscó la explicación en un hecho de la naturaleza humana: he ahí porqué durante un siglo la clerigalla con o sin sotana ha hecho el silencio alrededor de este libro.

La única falta de Adam Smith está en no haber comprendido que tal sentimiento de simpatía, convertido en hábito, existe entre los animales al igual que en el hombre.

No desagrada esto a los vulgarizadores de Darwin, ignorando en él todo lo que no había sacado de Malthus; el sentimiento de solidaridad es el rasgo predominante de la existencia de todos los animales que viven en sociedad. El águila devora al gorrión; el lobo, a las marmotas; pero las águilas y los lobos se ayudan entre si para cazar; y los gorriones y las marmotas se prestan solidaridad también contra los animales de presa, pues sólo los poco diestros se dejan expoliar. En toda agrupación animal la solidaridad es una ley (un hecho general) de la naturaleza, infinitamente más importante que esa lucha por la existencia, cuya virtud nos cantan los burgueses en todos los tonos, a fin de mejor embrutecernos.

Cuando estudiamos el mundo animal y querernos comprender la razón de la lucha por la existencia, sostenida por todos los seres vivientes contra las circunstancias adversas y contra sus enemigos. Cuanto mejor cada miembro de la sociedad comprende la solidaridad para con los demás, mejor se desarrollan en todos esas dos cualidades que son los factores principales de la victoria y del progreso: de una parte, el valor, y la libre iniciativa del individuo, de la otra. Y cuando más, por el contrario, tal colonia o tal grupillo de animales pierde ese sentimiento de solidaridad (lo que sucede a consecuencia de una excepcional miseria o bien de una gran abundancia de alimento) tanto más los otros dos factores del progresos valor y la iniciativa individual disminuyen, concluyendo por desaparecer, y la sociedad en decadencia sucumbe ante sus enemigos. Sin confianza mutua no hay lucha posible, no hay valor, no hay iniciativa, no hay solidaridad, no hay victoria; es la derrota segura.

Volveremos algún día sobre este asunto, y podremos demostrar, con lujo de pruebas, cómo en el mundo animal y humano la ley del apoyo mutuo es la ley del progreso; y cómo el apoyo mutuo, cual el valor y la iniciativa individual, que de él proviene, aseguran la victoria a la especie que mejor lo sabe practicar. Por el momento nos bastaría hacer constar el hecho. El lector comprenderá por sí mismo toda su importancia en la cuestión que nos ocupa.

Imagínese ahora ese sentimiento de solidaridad obrando a través de los millones de edades que se han sucedido desde que los primeros seres animados han aparecido sobre el globo; imagínese cómo ese sentimiento llegaba a ser costumbre y se transmitía por herencia desde el organismo microscópico más sencillo hasta sus descendientes –los insectos, los reptiles, los mamíferos y el hombre–, y se comprenderá el origen del sentimiento moral, que es una necesidad para el animal, como el alimento o el órgano destinado a digerirlo.

He ahí, sin remontarnos más lejos (pues aquí no sería preciso hablar de los animales complicados, originarios de colonias de pequeños seres extremadamente sencillos) el origen del sentimiento moral. Hemos debido ser en extremo concisos para desarrollar esta gran cuestión en el espacio de algunas páginas; pero eso basta ya para ver en ello que no hay nada de místico ni sentimental.

Sin esa solidaridad del individuo con la especie, nunca el mundo animal se hubiera desarrollado ni perfeccionado. El ser más adelantado en la tierra sería aún uno de esos pequeños grumos que flotan en las aguas y que apenas se perciben con el microscopio.

Ni aun existirían las primeras agregaciones de células: ¿no son ya un acto de asociación para la lucha?

VI

Así vemos que observando las sociedades animales –no como burgueses interesados, sino como simples observadores inteligentes– se llega a hacer constar que este principio trata a los otros como si quisiera ser tratado por ellos en análogas circunstancias, se encuentra donde quiera que la asociación existe Y cuando se estudia más de cerca el desarrollo o la evolución del mundo animal, se descubre, con el zoólogo Kessler y el economista Tchernychevsky, que este principio, traducido en una sola palabra, solidaridad, ha tenido en el desenvolvimiento de los animales una parte infinitamente mayor que todas las adaptaciones que puedan resultar de las luchas individuales por la adquisición de ventajas personales.

Es evidente que la práctica de la solidaridad se encuentra todavía más desarrollada en las sociedades humanas. Sin embargo, agrupaciones de monos, las más elevadas en la escala animal, nos ofrecen una práctica de la solidaridad de las más atractivas. El hombre avanza todavía un paso en este camino; eso sólo le permite conservar su mezquina especie, en medio de los obstáculos que le opone la naturaleza, y desenvolver su inteligencia. Cuando se estudian las sociedades primitivas que se hallan hasta el presente en la edad de piedra, se ve en sus pequeñas comunidades la solidaridad practicada en su más alto grado para todos sus miembros.

He ahí por qué esa práctica de la solidaridad no cesa nunca, ni aun en las épocas peores de la historia; aun cuando las circunstancias temporales de dominación, de servidumbre, de explotación, hacen desconocer este principio, permanece siempre en el pensamiento de la mayoría de tal modo, que conduce a odiar las malas instituciones, a la revolución. Así se aprende; sin ella la sociedad debería perecer.

Para la inmensa mayoría de los animales y de los hombres, ese sentimiento se halla, y debe hallarse, convertido en hábito adquirido, de principio permanente en el espíritu, por más que se desconozca con frecuencia en los hechos.

Es toda la evolución del reino animal la que habla con nosotros; y es larga, muy larga; cuenta cientos de millones de años.

Aun cuando quisiéramos desembarazarnos de ella, no podríamos. Sería más fácil al hombre habituarse a andar a cuatro pies que desembarazarse del sentimiento moral. Es anterior en la evolución animal a la posición recta del hombre.

El sentido moral es en nosotros una facultad natural, igual que el sentido del olfato y del tacto.

En cuanto a la Ley y a la Religión, que también han predicado este principio, sabemos que lo han sencillamente escamoteado para con él cubrir su mercancía; sus prescripciones favorecen al conquistador, al explotador y al clérigo. Sin el principio de solidaridad, cuya justicia está generalmente reconocida, ¿cómo habrían tenido ascendiente sobre el espíritu?

Con él se cubrían uno a otro a semejanza de la autoridad, la cual también consiguió imponerse, declarándose protectora de los débiles contra los fuertes.

Arrojando por la borda la Ley, la Religión y la Autoridad, volverá la humanidad a tomar posesión del principio moral, que se había dejado arrebatar, a fin de someterlo a la crítica y de purgarlo de las adulteraciones con las que el clérigo, el juez y el gobernante lo habían emponzoñado y lo emponzoñan todavía.

Pero negar el tal principio porque la Iglesia y la Ley lo han explotado sería tan poco razonable como declarar que no se lavará nunca, que comerá cerdo infectado de triquinas y que no querrá la posesión en común del suelo, porque el Corán prescribe lavarse todos los días, porque el higienista Moisés prohibía a los hebreos comer tocino, o porque el Chariat (el suplemento del Corán) quiere que toda la tierra que permanezca inculta durante tres años vuelva a la comunidad.

Además, ese principio de tratar a los demás como uno quiere ser tratado, ¿qué es sino el genuino principio fundamental de la Anarquía? ¿Y cómo puede uno llegar a creerse anarquista sin ponerlo en práctica?

No queremos ser gobernados. Pero por eso mismo, ¿no declaramos que no queremos gobernar a nadie? No queremos ser engañados, queremos que siempre se nos diga la verdad. Pero con esto, ¿no declaramos que nosotros no queremos engañar a nadie, que nos comprometemos a decir siempre la verdad, nada más que la verdad? No queremos que se nos roben los frutos de nuestro trabajo. Pero, por lo mismo, ¿no declaramos respetar los frutos del trabajo ajeno?

¿Con qué derecho, en efecto, pediríamos que se nos tratase de cierta manera, reservándonos tratar a los demás de un modo completamente opuesto? ¿Seríamos acaso como el oso blanco (Se refiere al zar) de los kirghises que puede tratar a los demás como bien le parece?

Nuestro sencillo concepto de igualdad se subleva a esta sola idea.

La igualdad en las relaciones mutuas, y la solidaridad que de ella resulta necesariamente: he ahí el arma más poderosa del mundo animal en su lucha por la existencia.

Y la igualdad es la equidad.

Llamándonos anarquistas declaramos por adelantado que renunciamos a tratar a los demás como nosotros no quisiéramos ser tratados por ellos; que no toleramos más la desigualdad, lo cual permitiría a alguno de entre nosotros ejercitar la violencia o la astucia o la habilidad del modo que nos desagradaría a nosotros mismos. Pero la igualdad en todo —sinónimo de equidad— es la anarquía misma. ¡Al diablo el oso blanco, que se otorga el derecho de engañar la sencillez de los otros! No le queremos, y lo suprimimos por necesidad. No es únicamente a esa trinidad abstracta de Ley, Religión y Autoridad a quien declaramos la guerra.

Llegando a ser anarquistas, se la declaramos al cúmulo de embustería, de astucia, de explotación, de depravación, de vicio, en una palabra de desigualdad, que han vertido en los corazones de todos nosotros. Se la declaramos a su manera de obrar, a su manera de pensar. El gobernado, el engañado, el explotado, la prostituta, etc., hieren ante todo nuestros sentimientos de igualdad. En el nombre de la Igualdad, no queremos ya ni prostitutas, ni explotados, ni engañados, ni gobernados.

Se nos dirá acaso, se ha dicho alguna vez: «Pero si pensáis que precisa tratar siempre a los demás como vos mismo queréis ser tratados, ¿con qué derecho usaríais la fuerza en determinadas circunstancias? ¿Con qué derecho dirigir los cañones contra los bárbaros o civilizados que invaden vuestro país? ¿Con qué derecho matar no sólo a un tirano, pero ni a una simple víbora?».

¿Con qué derecho? ¿Qué entendéis por esta palabra barroca arrancada a la Ley? ¿Queréis saber si tendría conciencia de obrar bien haciendo eso? ¿Si los que yo aprecio encontrarán que he hecho bien? ¿Es eso lo que preguntáis?

En ese caso, nuestra contestación es sencilla.

Ciertamente que sí; porque nosotros pedimos que se nos mate, sí, como animales venenosos, si vamos a hacer una invasión al Tonkín, o a la Zululandia, cuyos habitantes no nos han hecho nunca mal alguno. Decimos a nuestros hijos: «Mátame, si me paso al partido de los invasores».

Ciertamente que sí; porque pedimos se nos desposea, si un día, mintiendo a nuestros principios, nos apoderamos de una herencia —sería llovida del cielo— para emplearla en la explotación de los demás.

Ciertamente que sí; porque todo hombre de corazón pide que antes se le aniquile que llegar a ser víbora; que se le hunda un puñal en el corazón, si alguna vez ocupara el lugar de un tirano destronado.

Sobre cien hombres que tengan mujer e hijos habrá noventa que, sintiendo la proximidad de la locura (la pérdida del registro cerebral en sus acciones), intentarán suicidarse por miedo de hacer mal a los que aman. Cada vez que un hombre de corazón comprende que se hace peligroso a los que son objeto de su cariño, prefiere morir antes que llegar a tal extremo.

Cierto día, en Irkurtsk, un doctor polaco y un fotógrafo son mordidos por un perrito rabioso. El fotógrafo se quema la herida con hierro candente, el médico se ciñe a cauterizarla. Es joven, hermoso, rebosando salud; acababa de salir de la mazmorra a la cual el Gobierno le había condenado por su adhesión a la causa del pueblo. Fuerte con su saber y, sobre todo, con su inteligencia, hacía curas maravillosas; los enfermos le adoraban. Seis semanas más tarde se apercibe de que el brazo mordido comienza a inflamarse. Aun siendo doctor, no puede evitarlo: era la rabia, que se manifestaba. Corre a casa de un amigo, doctor desterrado como él. «¡Pronto, venga la estricnina, te lo ruego! ¿Ves este brazo? ¿Sabes lo que es? Dentro de una hora, o menos, seré presa de la rabia; intentaré morderte a ti y a los amigos; no pierdas tiempo; venga la estricnina; es preciso morir». Se sentía víbora y quería que se le matara.

El amigo vaciló, quiso ensayar un tratamiento antirrábico. Con una mujer animosa, ambos se pusieron a cuidarle.... y dos horas después, el doctor, espumarajeando, se arrojaba sobre ellos pretendiendo morderles. Después volvía en sí, reclamaba la estricnina, y rabiaba de nuevo.

Murió, por fin, en medio de horrorosas convulsiones.

¡Qué de hechos no podríamos citar basados en nuestra propia experiencia! El hombre valeroso prefiere morir a llegar a ser la causa del mal de otros. Y esto es porque tendrá conciencia del bien obrar y la aprobación de los que estimo le seguirá si mata la víbora o el tirano.

Perovskaya y sus amigos han matado al Zar ruso. Y la humanidad entera, a pesar de su repugnancia por la sangre vertida, a pesar de sus simpatías por quien había permitido liberar a los siervos, les ha reconocido este derecho.

¿Por qué? No es que ella haya reconocido el acto útil, las tres cuartas partes dudan aún, sino porque ha comprendido que por todo el oro del mundo Perovskaya y sus amigos no habrían consentido en llegar a ser tiranos a su vez.

Aun los mismos que ignoran los detalles del drama están seguros, sin embargo, de que no ha sido una bravata de gente joven, un crimen palaciego, ni la ambición del poder; era el odio a la tiranía hasta el desprecio de sí mismo, hasta la muerte.

«Aquellos —se han dicho— habían conquistado el derecho a matar» Como se ha dicho de Luisa Michel: «Tenía el derecho de pillar», o, todavía:

«Ellos tienen el derecho de robar», hablando de esos terroristas que vivían de pan seco y que robaban un millón o dos al tesoro de Kichineff, tomando con riesgo de sus propias vidas todas las precauciones posibles para evitar la responsabilidad de la guardia que custodiaba la caja con bayoneta calada.

Este derecho de usar la fuerza la humanidad no lo rehúsa jamás a los que lo han conquistado; aunque ese derecho sea ejercitado sobre las barricadas o a la vuelta de una esquina. Pero para que tal acto produzca profunda impresión en los espíritus es menester conquistar ese derecho. De no ser así el acto —útil o no— se consideraría un simple hecho brutal, sin importancia para el progreso de las ideas. No se vería en él más que una suplantación de fuerza, una sencilla sustitución de un explotador por otro.

VII

Hasta ahora, hemos hablado de acciones conscientes, reflexivas del hombre (de las que hacemos dándonos cabal cuenta). Pero al lado de la vida consciente, encontramos la vida inconsciente, infinitamente más vasta, y demasiado ignorada en otro tiempo. Sin embargo, basta observar la manera como nos vestimos por la mañana, esforzándonos por abrochar un botón que sabemos haber perdido la víspera, o llevando la mano para coger un objeto que nosotros mismos hemos cambiado de lugar, para tener idea de esa vida inconsciente y concebir el importante papel que desempeña en nuestra existencia.

Las tres cuartas partes de nuestras relaciones con los demás son actos de esa vida inconsciente. Nuestra manera de hablar, de sonreír o de fruncir las cejas, de enconarnos en la discusión o de permanecer silenciosos; todo eso lo hacemos sin darnos cuenta de ello, por simple hábito, ya heredado de nuestros antepasados humanos o prehumanos (no hay más que ver la semejanza en la expresión del hombre y del animal cuando uno y otro se incomodan) o bien adquirido consciente o inconscientemente.

Nuestro modo de obrar para con los demás pasa así al estado de hábito. El hombre que haya adquirido el máximum de costumbres morales será ciertamente superior a ese buen cristiano que pretende siempre ser empujado por el diablo a hacer el mal, y que no puede impedirlo mas que evocando las penas del infierno o los goces del paraíso.

Tratar a los demás como él mismo quisiera ser tratado pasa, en el hombre, y en los animales sociales, al estado de simple costumbre; si bien, generalmente, el hombre no se pregunta cómo debe obrar en tal circunstancia. Obra mal o bien sin reflexionar. Sólo en circunstancias excepcionales, en presencia de un caso complejo, o bajo el impulso de una pasión ardiente, vacila; entonces las diversas partes de su cerebro (órgano muy complejo, cuyas partes distintas funcionan con cierta independencia), entra en lucha.

Entonces sustituye con la imaginación a la persona que está enfrente de él, pregunta si le agradaría ser tratado de la misma manera; y su decisión será tanto más moral cuanto mejor identificado esté con la persona a la cual estaba a punto de herir en su dignidad o en sus intereses. O bien un amigo intervendrá y le dirá: «Imagínate tú en su lugar. ¿Es que tú habrías sufrido ser tratado por él como tú le acabas de tratar?» Y eso basta.

La apelación al principio de igualdad no se hace más que en un momento de vacilación, mientras que en noventa y nueve casos sobre cien obramos moralmente por costumbre.

Se habrá notado ciertamente que en todo lo que hemos dicho hasta ahora no hemos tratado de imponer nada. Hemos expuesto sencillamente cómo las cosas pasan en el mundo animal y entre los hombres.

La Iglesia amenazaba en otro tiempo a los hombres con el infierno para moralizarles, y sabemos cómo lo ha conseguido: desmoralizándolos; el juez, amenazando con la argolla, con el látigo, con la horca, siempre en nombre de esos mismos principios de sociabilidad que a la sociedad ha escamoteado, la desmoraliza. Y los autoritarios de toda clase claman también contra el peligro social a la sola idea de que el juez pueda desaparecer de la tierra al mismo tiempo que el cura.

Ahora bien, rosotros no tememos renunciar al juez ni a la condenación. Renunciamos, como Guyau, a toda sanción, a toda obligación moral.

No tememos decir: «Haz lo que quieras y como quieras»; porque estamos persuadidos de que la inmensa mayoría de los hombres, a medida que sean más ilustrados y se desembaracen de las trabas actuales, hará y obrará siempre en una dirección determinada, útil a la sociedad, como estamos persuadidos de que el niño andará un día sobre sus pies, y no a cuatro patas, sencillamente porque ha nacido de padres que pertenecen a la especie humana».

Todo lo más que podemos hacer es dar un consejo, y aun dándolo añadimos: «Ese consejo no tendrá valor más que si tú mismo conoces, por la experiencia y la observación, que es bueno de seguir.»

Cuando vemos a un joven doblar la espalda y oprimir así el pecho y los pulmones, le aconsejamos que enderece, que mantenga la cabeza levantada y el pecho abierto, que aspire el aire a plenos pulmones ensanchándolos, porque en esto encontrará la mejor garantía contra la tisis.

Pero al mismo tiempo le enseñamos la fisiología, a fin de que conozca las funciones de los pulmones y escoja por sí mismo la postura que más le conviene.

Es cuanto podemos hacer como hecho moral. No tenemos más que el derecho de dar un consejo, al cual añadiremos: «Síguelo, si te parece bueno».

Pero dejando a cada uno obrar como mejor le parezca. Negando a la sociedad el derecho de castigar, fuera lo que fuese y de la manera que sea, por cualquier acto antisocial que haya cometido, no renunciamos a nuestra facultad de amar lo que nos parezca malo. Amar y odiar, pues sólo los que saben odiar saben amar. Podemos reservarnos eso, y puesto que ello sólo basta a toda sociedad animal para mantener y desenvolver los sentimientos morales, bastará tanto mejor a la especie humana.

Sólo pedimos una cosa; eliminar todo lo que en la sociedad actual impide el libre desenvolvimiento de estos dos sentimientos, todo lo que falsea nuestro juicio: el Estado, la Iglesia, la Explotación, el juez, el clérigo, el Gobierno, el explotador.

Hoy, al ver un Jack el destripador degollar de corrido diez mujeres de las más pobres, de las más miserables —y moralmente superiores a las tres cuartas partes de los ricos burgueses—, nuestra primera impresión es la del odio. Si le encontramos el día en que ha degollado a esa mujer que quería hacerse pagar por él los treinta céntimos de su tugurio, le habríamos alojado una bala en el cráneo, sin reflexionar que la bala hubiera estado mejor colocada en el cráneo del propietario.

Pero cuando nos acordamos de todas las infamias que han conducido a cometer todos esos asesinatos, cuando pensamos en las tinieblas en las cuales rueda perseguido por las imágenes de libros inmundos, o por pensamientos enardecidos por libros estúpidos, nuestro sentimiento se aminora; y el día en que supiéramos que Jack estaba en poder de un juez que tranquilamente ha cortado diez veces más vidas de hombres, de mujeres y de niños que todos los Jack; cuando nosotros contáramos en las manos de esos fríos maníacos, o de esas gentes que envían a un Borrás a la prisión para demostrar a los burgueses que ellos son su salvaguardia, entonces todo nuestro odio contra Jack el destripador desaparecerá, se dirigirá a otra parte, transformándose en odio contra la sociedad cobarde e hipócrita, contra sus representantes oficiales.

Todas las infamias de un destripador desaparecen ante las cometidas en nombre de la Ley. A ella odiamos.

Hoy nuestro sentimiento se reduce continuamente. Comprendemos que todos somos, más o menos voluntariamente, los autores de esta sociedad. No nos atrevemos ya a odiar. ¿Osamos acaso amar? En una sociedad basada en la explotación y la servidumbre, la naturaleza humana se degrada.

Pero a medida que la servidumbre vaya desapareciendo volveremos a posesionarnos de nuestros derechos; sentiremos la necesidad de odiar y de amar aún en casos tan complicados como el que acabamos de citar.

En cuanto a nuestra vida ordinaria, demos ya libre curso a nuestras simpatías o antipatías; lo hacemos a cada momento.

Todos apreciamos la energa moral y despreciamos la debilidad, la cobardía. A cada instante nuestras palabras, nuestras miradas y nuestras sonrisas expresan nuestro gozo a la vista de actos útiles a la humanidad que consideramos buenos; a cada instante manifestamos por nuestras miradas y nuestras palabras la repugnancia que nos inspiran la cobardía, la mentira, la intriga, la falta de valor moral.

Traicionamos nuestro disgusto cuando bajo la influencia de una educación de savoir vivre, es decir, de hipocresía, procuramos aún disimular ese disgusto bajo apariencias falaces, que desaparecerán a medida que las relaciones de igualdad se establezcan entre nosotros.

Pues bien; esto sólo basta ya para mantener a cierto nivel la concepción del bien y del mal, eso bastará tanto más cuando no habrá entonces ni juez ni cura en la sociedad; tanto mejor cuando los principios morales perderán todo carácter de obligación, siendo considerados como simples relaciones entre iguales.

Y, sin embargo, a medida que esas simples relaciones se establecen, una nueva concepción moral aún más elevada surge en la sociedad, la cual es la que vamos a analizar.

VIII

Hasta ahora, en todo nuestro anterior análisis no hemos hecho sino exponer simples principios de igualdad. Nos hemos sublevado y hemos invitado a los demás a sublevarse contra los que se otorgan el derecho de tratar a otro como ellos no quisieran de ninguna manera ser tratados; contra los que no querrían ni ser engañados, ní explotados, ni embrutecidos, ni prostituidos, sino que lo hacen por culpa de los demás. La mentira, la brutalidad, etc., son repugnantes no porque sean desaprobados por los códigos de moralidad –descontemos esos códigos–, son repugnantes, porque la mentira, la brutalidad, etc., sublevan los sentimientos de igualdad de aquel para quien la igualdad no es una vana palabra: sublevan, sobre todo, a quien es realmente anarquista en su manera de pensar y obrar.

Este solo principio tan sencillo, tan natural y tan evidente –si fuera generalmente aplicado en la vida–constituiría ya una moral muy elevada, comprendiendo todo cuanto los moralistas han pretendido enseñar.

El principio igualitario resume las enseñanzas de los moralistas. Contiene también algo más, y ese algo es el respeto del individuo.

Proclamando nuestra moral igualitaria y anarquista, rehusamos otorgándonos el derecho que los moralistas han pretendido ejercer: el de mutilar a un individuo en nombre de cierto ideal que creían bueno. Nosotros no reconocemos ese derecho a nadie, no lo queremos para nosotros.

Reconocemos la libertad completa del individuo; queremos la plenitud de su existencia, el desarrollo de sus facultades. No queremos imponerle nada, volviendo así al principio que Fourier oponía a la moral de las religiones, al decir: «Dejad a los hombres absolutamente libres, no les mutiléis; bastante lo han hecho las religiones. No temas siquiera sus pasiones; en una sociedad libre no ofrecerán ningún peligro».

En atención a que vosotros mismos no abdicáis de vuestra libertad, en atención a que no os dejáis esclavizar por los demás, y en atención a que a las pasiones violentas de tal individuo opondréis vuestras pasiones sociales, igualmente vigorosas, no tenéis que temer nada en la libertad.

Renunciamos a mutilar al individuo en nombre de ideal alguno; todo cuanto nos reservamos es el derecho de expresar francamente nuestras simpatías y antipatías para lo que encontramos bueno o malo. Tal engaña a sus amigos.

¿Es su voluntad, su carácter? ¡Sea! Ahora bien, es propio de nuestro carácter, de nuestra voluntad, menospreciar al embustero.

Y una vez que tal es nuestro carácter, seamos francos. No nos precipitemos hacia él para oprimirle contra nuestro pecho, y tomar afectuosamente la mano, como se hace hoy. A su pasión activa oponemos la nuestra, también activa y enérgica.

Es cuanto tenemos el derecho y el deber de hacer para mantener en la sociedad el principio igualitario; más aún, el principio de igualdad puesto en práctica.

Todo esto, bien entendido, no se hará enteramente sino cuando las grandes causas de depravación, capitalismo, religión, justicia, Gobierno, hayan dejado de existir; pero puede hacerse ya en gran parte hoy. Se hace.

Sin embargo, sí las sociedades no conocieran más que ese principio de igualdad, si cada uno, ateniéndose al concepto de equidad mercantilista, se guardara en todo momento de dar a los otros algo más de lo que ellos reciben, sería la muerte inevitable de la sociedad.

Hasta la noción de igualdad desaparecería de nuestras relaciones, puesto que para mantenerla es preciso que algo más grande, más bello, más vigoroso que la simple equidad, se produzca sin cesar en la vida.

Y esto se produce.

Hasta ahora no le han faltado nunca a la humanidad grandes razones que, desbordando de ternura, de ingenio o de voluntad, empleaban su sentimiento, su inteligencia o su actividad en servicio del género humano, sin exigirle nada a cambio.

Esa fecundidad del genío, de la sensibilidad o de la voluntad toma todas las formas posibles. Ya es el investigador enamorado de la verdad, que, renunciando a todos los demás placeres de la vida, se entrega con pasión a la investigación de lo que él cree ser verdadero y justo, en contra de las afirmaciones de los ignorantes que le rodean; ya es el inventor que vive de la gloria póstuma, olvida hasta el alimento y apenas toca el pan que una mujer, toda abnegación, le hace comer como a un niño, mientras persigue su invención, destinada, según él, a cambiar la faz del mundo; ya es el revolucionario ardiente, para quien todos los goces del arte, de la ciencia, de la misma familia, parecen áridos en tanto no estén compartidos por todos, trabajando en regenerar el mundo a pesar de la miseria y de las persecuciones; ya es el mozalbete que al oír relatar las atrocidades de los invasores, creyendo a ciegas en las leyendas del patriotismo que le han contado, va a inscribirse en un cuerpo franco, anda por la nieve, sufre el hambre, y concluye por caer bajo las balas.

Es el granujilla de París, que, mejor inspirado y dotado de inteligencia más fecunda, escogiendo mejor sus aversiones y sus simpatías, corre a las murallas con su hermanito, resiste la lluvia de los obuses y muere murmurando:

¡Viva la Comuna! es el hombre que se subleva a la vista de una iniquidad sin preguntar qué resultará de ello, y, cuando todos doblan el espinazo, desenmascara la iniquidad, hiere al explotador, al tirano de la fábrica o al gran tirano de un imperio; son, en fin, todos esos sacrificios sin número menos llamativos, y por eso desconocidos casi siempre, que se pueden ver constantemente, sobre todo en la mujer, a quien se quiere encargar el trabajo de abrir los ojos y notar lo que constituye el fondo de la humanidad, lo cual le permite también instruirse bien o mal a pesar de la explotación y la opresión que sufre.

Aquellos fraguan, unos en la oscuridad, otros en campo más amplio, los verdaderos progresos de la humanidad. Y la humanidad lo sabe. Por lo mismo, rodea sus vidas de respeto, de leyendas. Hasta los embellece y los hace héroes de sus cuentos, de sus canciones, de sus novelas. Ama en ellos el valor, la bondad, el amor y la abnegación que falta a la mayoría.

Transmite sus recuerdos a sus hijos, se acuerda hasta de los que no han trabajado más que en el estrecho círculo de la familia y de los amigos, venerando su memoria en las tradiciones familiares.

Aquellos constituyen la verdadera felicidad –la única, por otra parte, digna de tal nombre–, no siendo el resto sino sencillas relaciones de igualdad. Sin esos ánimos y esas abnegaciones, la humanidad estaría embrutecida en la ciénaga de mezquinos cálculos. Aquellos, en fin preparan la moralidad del porvenir, la que vendrá cuando, cesando de contar, nuestros hijos crezcan con la idea de que el mejor uso de toda cosa, de toda energía, de todo valor, de todo amor, está donde la necesidad de esta fuerza se siente con mayor viveza.

Esos ánimos, esas abnegaciones, han existido en todo tiempo, se las encuentra en los animales, se las encuentra en el hombre hasta en las épocas de mayor embrutecimiento: y en todo tiempo las religiones han procurado apropiárselas, acuñarlas en su propia ventaja, y si las religiones viven todavía es porque, aparte de la ignorancia, en todo tiempo han apelado precisamente a esas abnegaciones, a esos rasgos de valor. A ellos apelan también los revolucionarios, sobre todo los revolucionarios socialistas, y otros, han caído a su vez en los errores que ya hemos señalado en cuanto a explicarlos, los moralistas religiosos, utilitarios. Pertenece a, ese joven filósofo, Guyau –a ese pensador anarquista sin saberlo– haber iniciado el verdadero origen de tal valor y de tal abnegación, independiente de toda fuerza mística, independientes de todos esos cálculos mercantiles, bizarramente imaginados por los utilitarios de la escuela inglesa.

Allá, donde las filosofías kantiana, positivista y evolucionista se han estrellado, la filosofía anarquista ha encontrado el verdadero camino.

Su origen, ha dicho Guyau, es el sentimiento de su propia fuerza, es la vida que se desborda, que busca esparcirse. «Sentir interiormente lo que uno es capaz de hacer es tener conciencia de lo que se ha dicho el deber de hacer».

El impulso moral del deber que todo hombre ha sentido en su vida –y que se ha intentado explicar por todos los misticismos–, el deber no es otra cosa que una superabundancia de vida, que pide ejercitarse, darse es al mismo tiempo la conciencia de un poder.

Toda energía acumulada ejerce presión sobre los obstáculos colocados ante ella. Poder obrar es deber obrar. Y toda esa obligación moral, de la cual se ha hablado y escrito tanto, despojada de toda suerte de misticismos, se reduce a esta verdadera concepción: La vida no puede mantenerse sino a condición de esparcirse.

«La planta no puede impedir su florecimiento. Algunas veces, florecer para ella es morir. ¡No importa, la savia sube siempre!»; concluye el joven filósofo anarquista.

Lo mismo le sucede al ser humano cuando está pletórico de fuerza y de energía. La fuerza se acumula en él; esparce su vida–, da sin contar, sin lo cual no viviría; y si debe perecer, como la flor, deshojándose, no importa; la savia sube, si la hay.

Sé fuerte: desborda de energía pasional e intelectual, y verterás sobre los otros tu inteligencia, tu amor, tu actividad.

He ahí a qué se reduce toda la enseñanza moral, despojada de las hipocresías del ascetismo oriental.

IX

Lo que la humanidad mira en el hombre verdaderamente moral es su energía, es la exuberancia de la vida que le empuja a dar su inteligencia, sus sentimientos, sus actos, sin demandar nada a cambio.

El hombre fuerte de pensamiento, el hombre exuberante de vida intelectual, procura naturalmente esparcirla. Pensar sin comunicar su pensamiento a los demás carecería de atractivo. Sólo el hombre pobre en ideas, después de haber concebido una con trabajo, la oculta cuidadosamente para ponerle más tarde la estampilla de su nombre. El hombre de poderosa inteligencia, fecundo en ideas, las siembra a manos llenas; sufre si no puede compartirlas, lanzarlas a los cuatro vientos; en ello está su vida.

Lo mismo sucede con el sentimiento —«no nos bastamos a nosotros mismos, tenemos más lágrimas que las necesarias para nuestros propios dolores, más alegrías en reserva que las justificadas para nuestra propia existencia»— ha dicho Guyau, resumiendo así toda la cuestión moral en líneas tan concisas, tomadas de la naturaleza. El ser solitario sufre, es presa de cierta inquietud, porque no puede compartir sus ideas, sus sentimientos, con los demás. Cuando sentimos un gran placer querríamos hacer saber a los demás que existimos, que sentimos, que amamos, que vivimos, que luchamos, que combatimos.

Al mismo tiempo sentimos la necesidad de ejercitar nuestra voluntad, nuestra fuerza activa. Obrar, trabajar, llega a ser una necesidad para la inmensa mayoría de los hombres, tanto, que, si condiciones absurdas alejan al hombre, o a la mujer del trabajo útil, inventan trabajos, obligaciones fútiles e insensatas para abrir un nuevo camino a su actividad. Inventan cualquier cosa —una teoría, una religión, un deber social— para persuadirse de que ellos hacen algo útil. Si bailan es por caridad, si se arruinan con sus tocados es para mantener la aristocracia a su debida altura, si no hacen absolutamente nada, es por principio.

«Hay necesidad de ayudar a otro, empujar al pesado vehículo que arrastra trabajosamente la humanidad, cuando no se murmura en su derredor», dice Guyau. Semejante necesidad de ayuda es tan grande, que se encuentra en todos los animales, por inferiores que sean; y la inmensa actividad que cada día se gasta con tan poco provecho en política, ¿qué es sino la necesidad de empujar al carromato o murmurar en torno suyo?

Ciertamente, la fecundidad de la voluntad, la sed de acción, cuando no va acompañada más que de una sensibilidad pobre y de una inteligencia incapaz de crear, dará un Napoleón I o un Bismarck, locos que querían hacer marchar el mundo al revés. Por otra parte, la fecundidad del espíritu, despojada, sin embargo, de sensibilidad, dará frutos secos, los sabios, que no hacen sino detener el progreso de la ciencia, y, en fin, la sensibilidad, no guiada por una inteligencia bastante cultivada, producirá mujeres prontas a sacrificarlo todo por una pasión cualquiera, a la cual se entregan por completo.

Para ser realmente fecunda, la vida debe estar a la vez en la inteligencia, en el sentimiento y en la voluntad. Esa fecundidad en todas sus modolidades es la vida; la única cosa que merece tal nombre; por un momento de esta vida, quienes la han entrevisto dan años de existencia vegetativa. Sin esa vida desbordante, uno parece viejo antes de la edad, impotente, planta que se seca sin haber florecido nunca.

«Dejemos a los corrompidos del siglo esta vida, que no es tal», exclama la juventud, la verdadera juventud llena de savia, que anhela vivir y sembrar la vida en torno suyo. Y cuando la sociedad se envicia, un empuje venido de dicha juventud rompe los viejos moldes económicos, políticos, morales, para hacer germinar nueva vida. No importa que alguno caiga en la lucha, la savia sube siempre. Para él, vivir es florecer; cualesquiera que sean las consecuencias, no las rehuye.

Pero sin hablar de épocas heroicas en la humanidad, sino tomándolo de la vida ordinaria, ¿es vida vivir en desacuerdo con su ideal?

En la actualidad oyese decir con frecuencia que se burlan del ideal. Se comprende. ¡Has confundido tan a menudo el ideal con la mutilación budista o cristiana; has empleado tan a menudo esta palabra para engañar a los sencillos, que la reacción es necesaria y saludable!

También a nosotros nos gustaría reemplazar la palabra ideal, cubierta de tanta porquería, por una nueva palabra más conforme con las ideas modernas.

No obstante, cualquiera que sea la palabra, el hecho existe; todo ser humano tiene su ideal.

Bismarck tenía el suyo, tan fantástico como se quiera: el gobierno por el hierro y el fuego. Todo burgués tiene el suyo, aunque sea éste la posesión de la bañera de plata de Gambetta, el cocinero Trompette y muchos esclavos para pagar a Trompette y comprar la bañera sin rascarse la oreja demasiado.

Pero al lado de esos está el hombre que ha concebido un ideal superior. La vida del bruto no puede satisfacerle; el servilismo, la mentira, la falta de buena fe, la intriga, la desigualdad en las relaciones humanas le sublevan.

¿Cómo puede convertirse en servil, mentiroso, intrigante, dominador a su vez? Entrevé cuán hermosa sería la vida si existiera más franqueza en nuestras relaciones; siente la fuerza que le impulsa a establecer esas relaciones con los que encuentra en su camino; concibe lo que se llama el ideal.

¿De dónde viene ese ideal? ¿Se forma por la herencia, de una parte, y las impresiones de la vida, de otra? Apenas lo sabemos; todo lo más, podríamos hacer de nuestra propia vida una historia más o menos verdadera. Pero vedle vario, progresivo, abierto a las influencias externas; más siempre vivo. Es una sensación, inconsciente en parte, que nos da la mayor suma de vitalidad, el goce de existir.

Pues bien; la vida es vigorosa, fecunda, rica en sensaciones, respondiendo a la concepción del ideal.

Obrad contra esa concepción, y sentiréis aminorarse vuestra vitalidad; no es ya única: pierde su vigor. Faltad con frecuencia a vuestro ideal y concluiréis por paralizar vuestra actividad; pronto no volveréis ya a encontrar ese vigor, esa espontaneidad en la decisión que teníais en otro tiempo.

Nada de misterioso hay en ello, una vez que miráis al hombre como un compuesto de centros nerviosos y cerebrales obrando con independencia. Fluctuad entre los diversos sentimientos que luchan en vosotros y llegaréis a romper en seguida la armonía del organismo; seréis un enfermo sin voluntad; la intensidad de la vida descenderá, y haréis bien en no comprometernos; no seréis ya el ser completo, fuerte, vigoroso que erais cuando vuestros actos se encontraban acordes con las concepciones ideales de vuestro cerebro.

X

Y ahora digamos, antes de concluir, algo de esos dos términos procedentes de la escuela inglesa, altruismo y egoísmo, con los que nos atruenan continuamente los oídos.

Hasta el presente no habíamos hablado de ellos en este sentido; es que no veíamos aún la distinción que los moralístas ingleses han intentado introducir.

Cuando decimos: «tratamos a los demás como nosotros quisiéramos ser tratados», ¿es el altruismo o el egoísmo lo que recomendamos?

Cuando, remontándonos más alto, decimos: «La felicidad de cada uno está íntimamente ligada a la felicidad de todo los que le rodean: se puede tener algunos años de dicha relativa en una sociedad basada en la desgracia de los demás, pues esa dicha está edificada sobre arena: no puede durar; la cosa más insignificante basta para destruirla, y es infinitamente pequeña en comparación de la posible dicha de una sociedad igualitaria: además, siempre que tú veas el bien general, obrarás bien»; cuando decimos esto, ¿es el altruismo o el egoísmo lo que predicamos? Hacemos constar sencillamente un hecho.

Y cuando añadimos, parafraseando una palabra de Guyau: «Sé fuerte, sé grande en todos tus actos, desarrolla tu vida en todas sus modalidades, sé tan rico como te sea posible en energía, siendo para ello el ser más social y más sociable si quieres gozar de una vida llena, entera y fecunda. Guiado siempre por una inteligencia ampliamente despejada lucha, arriésgate –el riesgo tiene también sus goces–, arroja tus fuerzas, sin contarlas, mientras las tengas, en todo lo que creas ser hermoso y grande, y entonces habrás gozado la mayor suma posible de felicidad. Unete con las masas; y, sucédate lo que quiera en la vida, sentirás latir contigo precisamente los corazones que amas, y latir contra ti los que menospreciéis». Cuando decimos eso, ¿es el altruismo o el egoísmo lo que enseñamos?

Luchar, afrontar el peligro, arrojarse al agua para salvar, no ya a un hombre, sino a un simple gato; alimentarse con pan seco para poner fin a las inquietudes que os sublevan, acordarse de los que merecen ser amados, ser amado por ellos, para un filósofo enfermo eso es quizá un sacrificio: pero para el hombre y la mujer pletóricos de energía, de fuerza de vigor, de juventud, es el placer de vivir. ¿Es egoísmo? ¿Es altruismo?

En general, los moralistas que han levantado sus sistemas basados en la pretendida oposición del sentimiento egoísta y el altruista, han equivocado el camino. Si esa oposición existiera en realidad, si el bien del individuo fuera verdaderamente opuesto al de la sociedad, la especie humana no existiría; ningún animal habría podido alcanzar su actual desarrollo.

No encontrando las hormigas un intenso placer en trabajar juntas por el bienestar de la colonia, ésta no existiría, y la hormiga no sería lo que es hoy, el ser más desarrollado entre los insectos: un insecto cuyo cerebro, apenas perceptible con el auxilio de una lente, es casi tan poderoso como el cerebro medio del hombre. No encontrando un intenso placer en sus emigraciones, en los cuidados que se toman para cuidar su prole, en la acción común para la defensa de sus sociedades contra las aves de rapiña, el pájaro no habría podido alcanzar el desarrollo al que ha llegado: el tipo pájaro habría retrogradado, en lugar de progresar.

Y cuando Spencer prevé un tiempo en que el bien del individuo se confundirá con el de la especie, olvida una cosa: que si los dos no hubieran sido siempre idénticos, no hubiera podido cumplirse la evolución misma del reino animal.

Lo que ha habido en todo tiempo es que se ha encontrado, así en el mundo animal como en la especie humana, un gran número de individuos que no comprendían que el bien del individuo y el de la especie son en el fondo idénticos. No comprendían que siendo el fin del individuo vivir intensamente, encuentra en gran manera esta condición de la existencia en la mayor sociabilidad, en la más perfecta identificación de sí propio con todos los que le rodean.

Pero esto no era carencia de inteligencia, falta de comprensión. En todo tiempo ha habido hombres ruines, en todo tiempo ha habido imbéciles; pero en ninguna época de la historia, ni aun en las geológicas, el bien del individuo ha sido opuesto al de la sociedad. En todo lugar han sido idénticos, y los que mejor lo han comprendido han gozado siempre de la vida más completa.

La distinción entre el egoísmo y el altruismo es, pues, absurda a nuestros ojos. Por eso no hemos dicho nada más de los compromisos que el hombre, a creer a los utilitarios, tendría constantemente entre sus sentimientos egoístas y sus sentimientos altruistas. Tales compromisos no existen para el hombre convencido.

Lo que hay, realmente, es que desde el momento en que pretendemos vivir conforme a nuestros principios de igualdad, los vemos chocar a cada paso. Por modestas que sean nuestra comida y nuestro lecho, somos aún Rotchschild en comparación del que duerme bajo los puentes, y que a menudo se halla falto de pan seco; por poco que nos entreguemos a los goces intelectuales y artísticos, somos todavía Rotschild en comparación de los millones que toman a la tarde embrutecidos por el trabajo manual, monótono y pesado, los cuales no pueden gozar del arte y de la ciencia, y morirán sin haber conocido nunca tan nobles satisfacciones.

Sabemos que no hemos apurado el principio igualitario; pero no queremos transigir con tales exigencias. Nos sublevan contra ellas: nos aplastan; nos vuelven revolucionarios; no nos acomodamos a lo que nos subleva; repudiamos toda transacción con el armisticio, y prometemos luchar a todo trance contra estas condiciones sociales. No es posible transigir, y el hombre convencido no quiere que se le permita dormir tranquilo, esperando que esta sociedad cambie por sí sola. He aquí el fin de nuestro estudio.

Hay épocas, hemos dicho, en que la concepción moral cambia por completo. Se observa que lo que se había considerado como moral es la más profunda inmoralidad. Aquí, una costumbre, una tradición venerando, pero inmoral en el fondo; allá, no se encuentra más que el provecho de una sola clase. Se les arroja por la borda y se grita: «*Abajo la moral*». Constituye un deber practicar estos actos inmorales. Saludemos estos tiempos, son tiempos de crítica, el siglo más seguro en que se hace un gran trabajo intelectual en la sociedad: la elaboración de una moral superior.

Lo que esa moral será hemos tratado de formularlo, basándonos en el estudio del hombre y en el de los animales, y hemos visto la que se dibuja en las ideas de las masas y de los pensadores.

Semejante moral no ordenará nada; rehusará en absoluto moldear al individuo con arreglo a ninguna idea abstracta, como rehusa mutilarlo por la religión, la ley y el gobierno. Dejará la libertad plena y entera al individuo; llegará a ser una simple demostración de hechos, una ciencia.

Y esta ciencia dirá a los hombres: si no te sientes con ánimo, si tus fuerzas se limitan a ser las necesarias para conservar una vida grisácea, monótona, sin fuertes emociones, sin grandes goces y también sin grandes sufrimientos, no te separes de los sencillos principios de la equidad igualitaria. En las relaciones igualitarias encontrarás lo que necesitas, la mayor suma de felicidad posible dadas tus escasas fuerzas; pero si sientes en ti el vigor de la juventud, si quieres vivir, si quieres gozar la vida entera, plena, desbordante —es decir, conocer el mayor goce que un ser viviente puede desear—, sé fuerte, sé grande, sé enérgico en todo lo que hagas.

Siembra la vida a tu alrededor, advierte que engañar, mentir, ser astuto, es envilecerse, empequeñecerse, reconocerte débil, desde luego; ser como la esclava del harén, que se cree inferior a su señor. Hazlo si te place; pero entonces ten presente que la humanidad te considerará pequeño, mezquino, débil, y te tratará en consecuencia. No viendo tu energía, te considerará como a un ser que merece lástima, sólo lástima.

No te quejes de los humanos si tú mismo paralizas así tu actividad.

Sé fuerte, por el contrario, y cuando veas una iniquidad y la hayas comprendido –una iniquidad en la vida, una mentira en la ciencia, un sufrimiento impuesto por otro rebélate contra la iniquidad, la mentira y la injusticia.

¡Lucha! La lucha es la vida, tanto más intensa cuanto más viva sea aquélla. Y entonces habrás vívido; y por algunas horas de esta vida no darás años de vegetación en el cieno del pantano.

Lucha para permitir a todos vivir esta vida rica y exuberante, y ten por seguro que encontrarás en esta lucha goces tan grandes, como no los encontrarías parecidos en ningún otro orden de actividad. Tal es cuanto puede decirte la ciencia de la moral: a ti te toca escoger.

¿SOMOS
LO SUFICIENTEMENTE BUENOS?

Una de las objeciones más comunes al comunismo es, que los seres humanos no son lo suficientemente buenos como para vivir en una situación comunista. Que no se someterían a un comunismo obligatorio, y que aún no están maduros para el comunismo libre anarquista. Que siglos de educación individualista les ha vuelto demasiado egoístas. Que la esclavitud, la sumisión ante el fuerte, y el trabajo bajo el látigo de la necesidad, les ha vuelto inadecuados para una sociedad en la que todos fuesen libres y no supiesen de obligación excepto de la que resulta de un compromiso adoptado libremente para con los demás, y de la desaprobación si no cumpliese con tal compromiso. Por lo tanto, se nos dice, es necesario un estado intermedio de transición de la sociedad como un paso hacia el comunismo.

Viejas palabras en una forma nueva; palabras dichas y repetidas desde el primer intento de toda reforma, política o social, en toda sociedad humana. Palabras que oímos antes de la abolición de la esclavitud; palabras dichas veinte y cuarenta siglos atrás por quienes gustan demasiado de su propia quietud como para gustar de cambios rápidos, a quienes la osadía de pensamiento les aterra, ¡y quienes no han sufrido suficiente por las injusticias de la sociedad presente como para sentir la profunda necesidad de nuevas soluciones!

¿Los seres humanos no son lo suficientemente buenos como para el comunismo, pero lo son para el capitalismo? Si todos los seres humanos fuesen bondadosos de corazón, amables, y justos, nunca se explotarían los unos a los otros, aunque poseyeran los medios para hacerlo. Con seres humanos como tal la propiedad privada del capital no sería un peligro. El capitalista se apresuraría a compartir sus ganancias con los trabajadores, y los trabajadores mejor remunerados con aquellos que sufren por causas ocasionales. Si los seres humanos fuesen previsores no producirían terciopelo y artículos de lujo mientras se requiera alimento en los poblados: no construirían palacios mientras aún existan tugurios.

Si los seres humanos tuviesen un sentimiento de igualdad profundamente desarrollado no oprimirían a otros seres humanos. Los políticos no engañarían a sus electores; el parlamento no sería una caja de parloteos y trampas, y los policías de Charles Warren se rehusarían a apalear a los oradores y auditores de la plaza de Trafalgar. Y si los seres humanos fuesen corteses, respetuosos de sí mismos, y menos egoístas, incluso un mal capitalista no sería un peligro; los trabajadores pronto le habrían reducido al papel de un simple administrador–de–camaradas. Incluso un rey no sería peligroso, porque las personas le considerarían meramente como un semejante incapaz de hacer mejor trabajo, y por ende encomendado a firmar estúpidos papeles para enviarlos a otros excéntricos que se hacen llamar reyes. Pero los seres humanos no son tales prójimos libres de mente, independientes, previsores, amorosos y empáticos como nos gustaría verles. Y precisamente, por eso, no deben seguir viviendo bajo el sistema presente que les permite oprimir y explotar a otros. Tomemos, por ejemplo, a aquellos sastres sacudidos por la miseria que desfilaron el pasado Domingo en las calles, y supongamos que uno de ellos haya heredado cien libras de un tío en América. Con esas cien libras es seguro que no comenzará una asociación productiva para una docena de semejantes sastres abatidos por la misera e intentar mejorar su condición. Se volverá un explotador. Y, por lo tanto, decimos que en una sociedad donde los seres humanos son tan viles como este heredero es muy difícil para él rodearse de sastres sacudidos por la miseria. Tan pronto como pueda les explotará; mientras que si estos mismos sastres tuviesen un vivir asegurado, ninguno de ellos sudaría para enriquecer a su ex–camarada, y el joven explotador no se convertiría en la muy mala bestia en la que seguro se convertiría si sigue siendo un explotador.

Se nos dice que somos demasiado serviles, demasiado pretenciosos, como para situarnos bajo instituciones libres; pero nosotros decimos que ya que por cierto somos tan serviles ya no debemos seguir más bajo las instituciones presentes que favorecen el desarrollo del servilismo. Vemos que británicos, franceses, y americanos despliegan el más desagradable servilismo hacia Gladstone, Boulanger, o Gould. Y concluimos que en una humanidad ya dotada de tales instintos serviles es muy malo tener a las masas forzosamente privadas de una educación más elevada, y obligada a vivir bajo la presente injusticia en riqueza, educación, y conocimiento. Una instrucción más elevada y una igualdad de condiciones serían los únicos medios para destruir los instintos serviles heredados, y no podemos nosotros comprender cómo los instintos serviles pueden convertirse en argumento para mantener, incluso por un día más, la desigualdad de condiciones; para rechazar la igualdad de instrucción para todos los miembros de la comunidad. El espacio es limitado, pero sometamos al mismo análisis cualquiera de los aspectos de nuestra vida social, y verán que el presente sistema capitalista y autoritario es absolutamente inapropiado para una sociedad de seres humanos tan imprevisores, tan rapaces, tan egoístas, y tan serviles como lo son ahora. Por lo tanto, cuando oímos a personas diciendo que los anarquistas imaginan a los seres humanos mucho mejores de como realmente son, nos preguntamos simplemente cómo personas inteligentes pueden repetir aquel absurdo. ¿No decimos acaso continuamente que el único medio para volver a los seres humanos menos rapaces y egoístas, menos ambiciosos y menos serviles al mismo tiempo, es eliminar aquellas condiciones que favorecen el crecimiento del egoísmo y la rapacidad, del servilismo y la ambición? La única diferencia entre nosotros y aquellos que formulan la objeción anterior es esta: Nosotros no exageramos, como ellos, los instintos inferiores de las masas, y no cerramos nuestros ojos complacientemente a los mismos malos instintos en las clases altas. Mantenemos que ambos, dominadores y dominados se pudren con la autoridad; ambos, explotadores y explotados se malogran con la explotación; mientras nuestros oponentes parecen aceptar que existen unos panes de dios –los gobernantes, los empleadores, los líderes– quienes, con gusto, previenen que los seres humanos malos –los gobernados, los explotados, los conducidos– se vuelvan peores de lo que son.

Ahí está la diferencia, y es una muy importante. Nosotros admitimos las imperfecciones de la naturaleza humana, pero no hacemos excepciones para los dominadores. Ellos sí lo hacen, aunque a veces inconscientemente, y, debido a que nosotros no hacemos tal excepción, nos dicen ellos que somos soñadores, que somos «poco prácticos».

Una antigua disputa, aquella entre los «prácticos» y los «poco prácticos», los supuestamente utopistas: una disputa que se renueva ante cada cambio propuesto, y que siempre termina en la total derrota de quienes se autodenominan personas prácticas.

Muchos debemos recordar la disputa que se propagó en América antes de la abolición de la esclavitud. Cuando se defendió la completa emancipación de los negros, los prácticos solían decir que si a los negros ya no se les obligara a trabajar mediante el uso de los látigos de sus amos, no trabajarían en absoluto, y pronto se volverían una carga para la comunidad. Los látigos gruesos podían ser prohibidos, decían, y el grosor de los látigos podría ser reducido progresivamente por la ley a media pulgada primero y luego a una pequeñez de unas pocas décimas de pulgada; pero algún tipo de látigo debe mantenerse. Y cuando los abolicionistas dijeron –tal como decimos nosotros ahora– que el goce del producto de la propia labor sería un inductor mucho más poderoso para el trabajo que el más grueso de los látigos, «tonterías, mi amigo», les dijeron – tal como se nos dice ahora. «¡No conoces la naturaleza humana! Años de esclavitud les ha vuelto imprevisores, flojos y serviles, y la naturaleza humana no puede cambiarse en un día. Estás impregnado, claro, con las mejores intenciones, pero estás siendo 'poco práctico'».

Bueno, por un tiempo los prácticos tuvieron su propio modo de elaborar planes para la emancipación gradual de los negros. Pero, ¡ay!, los planes probaron ser bastante poco prácticos, y la guerra civil –la más sangrienta registrada– rompió. Pero la guerra resultó en la abolición de la esclavitud, sin ningún período de transición; –y ya ven, ninguna de las terribles consecuencias previstas por los prácticos acaeció. Los negros trabajan, son industriosos y laboriosos, son previsores –demasiado previsores, de hecho– y el único arrepentimiento que se puede expresar es, que el plan defendido por el ala izquierda del campo poco práctico –la igualdad completa y la distribución de tierras– no se realizara: hubiese ahorrado muchos problemas.

Alrededor del mismo tiempo una disputa similar se propagó en Rusia, y su causa fue esta. Había en Rusia 20 millones de sirvientes. Por varias generaciones habían estado bajo la dominación, o mejor dicho, la vara, de sus amos. Eran azotados por arar mal sus suelos, azotados para que hicieran el aseo en sus hogares, azotados por la imperfección en el tejido de sus vestimentas, azotados por no casar antes a sus niños y niñas – azotados por todo. Servilismo, imprevisión, eran sus supuestas características.

Luego vinieron los utopistas y demandaron nada menos que lo siguiente: completa liberación de los sirvientes; abolición inmediata de toda obligación de los sirvientes hacia el señor. Más que eso: abolición inmediata de la jurisdicción del señor y su abandono de todos los asuntos sobre los que antes juzgaba, en tribunales campesinos elegidos por los campesinos y que juzgaba, no de acuerdo a la ley, que no conocen, sino a sus costumbres no escritas. Tal era el plan poco práctico del campo poco práctico. Fue tratado como mero desatino por los prácticos.

Pero felizmente había en esos tiempos en Rusia una buena cantidad de poca practicabilidad en los campesinos, quienes se sublevaron con palos contra las armas, y se rehusaron al sometimiento, no obstante las masacres, y por lo tanto reforzaron el estado mental poco práctico a un grado tal como para permitir que el campo poco práctico forzara al zar a firmar su plan – aún mutilado en algún grado.

Los más prácticos se apresuraron a abandonar Rusia, para que no les cortaran la garganta pocos días después de la promulgación de aquel plan poco práctico.

Pero todo continuó bastante bien, no obstante los diversos traspiés cometidos aún por los prácticos. Estos esclavos a los que se les reputaba como imprevisores, brutos egoístas, y demás, desplegaron tan buen sentido, tanta capacidad de organización como para superar las expectativas de incluso los más poco prácticos de los utopistas; y en tres años después de la emancipación la fisionomía general de los poblados había cambiado completamente. ¡Los esclavos se estaban convirtiendo en seres humanos!

Los utopistas ganaron la batalla. Probaron que ellos eran los realmente prácticos, y que quienes pretendían ser prácticos eran imbéciles. Y el único arrepentimiento expresado ahora por todos quienes conocen el campesinado ruso es, que demasiadas concesiones les fueron hechas a aquellos imbéciles prácticos y egoístas estrechos de mente: que el consejo del ala izquierda del campo poco práctico no haya sido seguido a cabalidad.

No podemos ya dar más ejemplos. Pero invitamos fervorosamente a quienes gustan de razonar por sí mismos a estudiar la historia de cualquiera de los grandes cambios sociales que han ocurrido en la humanidad desde el levantamiento de las comunas a la Reforma y a nuestros tiempos modernos. Verán que la historia no es más que una lucha entre dominadores y dominados, opresores y oprimidos, en la que el campo práctico siempre toma parte del lado de los dominadores y los opresores, mientras que el campo poco práctico toma parte del lado de los oprimidos; y verán que la lucha siempre termina en una derrota final del campo práctico luego de mucha sangre derramada y sufrimiento, debido a lo que llaman su «buen sentido práctico».

Si al decir que somos poco prácticos nuestros oponentes quieren decir que prevemos la marcha de los eventos mucho mejor que los cobardes prácticos cortos de vista, entonces tienen razón. Pero si quieren decir que ellos, los prácticos, tienen una mejor previsión de los eventos, entonces les enviamos a la historia y les pedimos que se dispongan a concordar con sus enseñanzas antes de realizar tan presuntuosa afirmación.

Obras de Kropotkin

Año	Título en castellano	Editor/ciudad
1873	*¿Debemos encargarnos de examinar el ideal de un sistema futuro?*	Reproducido en Byloe, no. 17, Ginebra (1921).
1876	*A propósito de la cuestión de Oriente*	Bulletin de la Fèdèration Jurassienne de l'Association Internationale des Travailleurs. Ginebra
1876	*Investigación sobre la era glacial*	Notices of the Imperial Russian Geographical Society
1877	*Noticias del exterior: Rusia*	Bulletin de la Fèdèration Jurassienne. Ginebra
1877	*Los sindicatos*	Bulletin de la Fèdèration Jurassienne. Ginebra
1877	*Asuntos de América*	Bulletin de la Fèdèration Jurassienne. Ginebra
1877	*Boletín internacional*	L'Avant-Garde
1877	*El Adelante y el pueblo ruso*	Bulletin de la Fèdèration Jurassienne. Ginebra
1879	*La idea anarquista desde el punto de vista de su realización práctica*	Le Révolté. Ginebra
1879	*El proceso de Solovieff*	Ginebra
1879	*La situación*	Le Révolté. Ginebra
1879	*La descomposición de los Estados*	Le Révolté. Ginebra
1880	*La Comuna de París*	Le Révolté. Ginebra
1880	*El año 1879*	Le Révolté. Ginebra
1880	*El gobierno representativo*	Le Révolté. Ginebra
1880	*Las ejecuciones en Rusia*	Le Révolté. Ginebra
1880	*La Comuna*	Le Révolté. Ginebra
1880	*A los jóvenes*	Le Révolté. Ginebra

1880	*La cuestión agraria*	Le Révolté. Ginebra
1880	*Las elecciones*	Le Révolté. Ginebra
1881	*El año 1880*	Le Révolté. Ginebra
1881	*Los enemigos del pueblo*	Le Révolté. Ginebra
1881	*La comuna de París*	Le Révolté. Ginebra
1881	*La situación en Rusia*	Le Révolté. Ginebra
1881	*La verdad sobre las ejecuciones en Rusia*	Le Révolté. Ginebra
1881	*El espíritu de rebelión*	Le Révolté. Ginebra (Ed. cast: Folletos Revolucionarios, R. N. Baldwin, comp.)
1881	*Todos socialistas*	Le Révolté. Ginebra
1881	*El orden*	Le Révolté. Ginebra
1881	*Las minorías revolucionarias*	Le Révolté. Ginebra
1881	*La organización obrera*	Le Révolté. Ginebra
1882	*El partido revolucionario ruso*	The Newcastle Chronicle/ Fortnightly Review
1882	*La expropiación*	Le Révolté. Ginebra
1882	*La guerra*	Le Révolté. Ginebra
1882	*Los derechos políticos*	Le Révolté. Ginebra
1882	*Teoría y práctica*	Le Révolté. Ginebra
1882	*El aniversario del 18 de marzo*	Le Révolté. Ginebra
1882	*La ley de la autoridad*	Le Révolté. Ginebra
1882	*El gobierno durante la revolución*	Le Révolté. Ginebra
1882	*Los preludios de la revolución*	Le Révolté. Ginebra
1882	*La situación en Francia*	Le Révolté. Ginebra
1883	*Las prisiones rusas*	The Nineteenth Century. Londres
1883	*La prisión fortaleza de San Petersburgo*	The Nineteenth Century. Londres
1883	*Rusia marginal*	The Nineteenth Century. Londres
1884	*Exilio en Siberia*	The Nineteenth Century. Londres
1885	*Finlandia: una nacionalidad naciente*	The Nineteenth Century. Londres
1885	*Palabras de un rebelde*	ed. Elisée Reclus. París; Flammarion. Montreal; Black Rose Books. New York (1992)

1885	*Lo que debe ser la geografía.*	The Nineteenth Century. Londres
1886	*El lugar del anarquismo en la evolución socialista*	Le Révolté. Ginebra
1886	*La expropiación*	Le Révolté. Ginebra
1886	*La anarquía en la evolución socialista*	Le Révolté. Ginebra
1886	*Como se han enriquecido*	Le Révolté. Ginebra
1886	*La práctica de la expropiación*	Le Révolté. Ginebra
1886	*La guerra social*	Le Révolté. Ginebra
1886	*Los talleres nacionales*	Le Révolté. Ginebra
1887	*Las prisiones*	Ward and Downey. Londres
1887	*La anarquía por venir*	The Nineteenth Century. Londres
1887	*Las bases científicas de la anarquía*	The Nineteenth Century. Londres
1888	*La ciudad industrial del futuro*	The Nineteenth Century. Londres
1888	*El asalariado*	La Révolte. París
1889	*El centenario de la revolución*	La Révolte. París
1889	*Qué es una huelga.*	La Révolte. París
1890	*Trabajo intelectual y trabajo manual*	The Nineteenth Century. Londres
1890	*La moral anarquista del punto de vista de su realización práctica*	La Révolte. París
1890	*El movimiento obrero en Inglaterra*	La Révolte. París
1890	*El primero de mayo*	La Révolte. París
1891	*La moral anarquista*	Folleto. París
1891	*El comunismo anarquista: su base y sus principios*	Folleto. Londres (Ed. cast: Folletos Revolucionarios, R. N. Baldwin, comp.)
1891	*Las huelgas inglesas*	La Révolte. París
1891	*La Entente*	La Révolte. París
1891	*Estudio sobre la revolución*	La Révolte. París
1891	*Mensaje a los delegados en el encuentro de sindicalistas británicos y franceses*	Freedom. Londres
1891	*La muerte de la nueva Internacional*	La Révolte. París
1892	*La conquista del pan*	París

1892	*El asunto de Chambles*	La Révolte. París
1892	*El terrorismo*	La Révolte. París
1892	*Explicación*	La Révolte. París
1892	*El espíritu de rebelión*	Commonweal
1893	*Acerca de la enseñanza de la fisiografía*	Geographic Journal, vol. 2, p. 350-359. Londres
1893	*La agricultura*	La Révolte. París
1893	*Discurso en Grafton Hill sobre el Anarquismo*	Freedom
1893	*Los principios en la revolución*	La Révolte. París
1893	*Un siglo de espera*	París
1894	*Los tiempos nuevos*	París
1895	*La comuna de París*	Freedom Pamphlets, no. 2, London: W. Reeves
1895	*Las condiciones actuales en Rusia*	The Nineteenth Century. V. 38, pp. 519-35. Londres
1896	*El anarquismo: su filosofía y su ideal*	Libr. Sociale. Paris (Ed. cast: Folletos Revolucionarios, R. N. Baldwin, comp.)
1896	*La anarquía en la evolución socialista*	La Révolte. París
1896	*Llamado a los jóvenes*	W. Reeves. Londres
1897	*La gran huelga de los muelles*	Bibliothèque des Temps nouveaux. París
1897	*El estado y su rol histórico*	Les Temps Nouveaux. París (Hay ed. castellana)
1897	*La población de Rusia*	The Geographical Journal, Vol. 10, No. 2, pp. 196-202. Londres
1898	*Los antiguos cauces del Amu-Daria*	The Geographical Journal, Vol. 12, No. 3, pp. 306-310. Londres
1898	*Moralidad anarquista*	Free Society. San Francisco
1898	*Algunos de los recursos de Canadá*	The Nineteenth Century. March, pp. 494-514. Londres
1899	*Cesarismo*	Les Temps Nouveaux. París

1899	*Campos, fábricas y talleres*	Hutchinson. Londres
1899	*Memorias de un revolucionario*	Houghton, Mifflin. Nueva York
1900	*Comunismo y anarquía*	Les Temps Nouveaux. París
1901	*La organización de la venganza apodada Justicia*	París
1901	*Ciencia moderna y anarquismo*	Londres. Ed. en ruso; en inglés en 1903. (Ed. cast: Folletos Revolucionarios, R. N. Baldwin, comp.)
1901	*El desarrollo del sindicalismo*	Londres
1902	*El apoyo mutuo*	Heinemann. Londres
1902		Londres
1903	*Discusión con Mr. Mackinder; Mr. Ravenstein; Dr. Herbertson; Mr. Andrews; Cobden Sanderson y Elisée Reclus.*	The Geographical Journal, Vol. 22, No. 3, pp. 294-299, JSTOR
1904	*La desecación de Eurasia*	Geographical Journal, 23, 722-741
1904	*El barón Toll*	The Geographical Journal, Vol. 23, No. 6, pp. 770-772, JSTOR
1904	*Las necesidades éticas del presente*	The Nineteenth Century LVI (330), pp. 207-26. Londres
1904	*Como fue fundado Le Revolté*	Les Temps Nouveaux. París
1904	*Máximo Gorki*	The Independent, Vol. 57, No. 2924, pp. 1378-1371. New York; W. S. Benedict.
1905	*Idales y realidades en la literatura rusa*	Boston: McClure, Philips and Co., 1919; New York: A. A. Knopf, 1915
1905	*La agitación constitucionalista en Rusia*	The Nineteenth Century. Londres
1905	*La revolución en Rusia*	The Nineteenth Century. Londres

1909	*El terror en Rusia*	Methuen. Londres
1909	*La gran revolución francesa*	Londres (Hay ed. castellana. Ed Proyección, Buenos Aires, 1977)
1910	*Anarquismo*	The Encyclopaedia Britannica, 11th edition (Ed. cast: Folletos Revolucionarios, R. N. Baldwin, comp.)
1910	*Insurrección y revolución*	Les Temps Nouveaux. París
1913	*La cruzada en la ciencia de M. Bergson*	Les Temps Nouveaux. París
1913	*La guerra próxima*	The Nineteenth Century. Londres
1914	*La acción anarquista en la revolución*	París
1916	*La nueva Internacional*	París
1916	*¡Guerra!*	William Reeves. Londres
s/d	*Ley y autoridad; un ensayo anarquista*	William Reeves. Londres
1919	*La acción directa del ambiente y la evolución*	The Nineteenth Century, V. 85, pp. 70-89. Londres
1920	*El sistema salarial*	Freedom Phamphlets
1921	*Ideal en la revolución*	Byloe n°17
1922	*Ética*	Petrogrado-Moscú; Golos Truda
1923	*¿Qué hacer?*	Rabochii put'; no. 5. Berlin
1924	*Ética: su origen y evolución.*	George G. Harrap & Co., Ltd. Londres

MOCHILA ECONÓMICA

En un ejercicio de transparencia, hemos decidido exponer cuáles son los costes que hay detrás de la publicación de cada libro. Creemos totalmente necesaria la accesibilidad a la cultura y la necesidad de generarla desde posiciones críticas. Intentamos que los precios de nuestros libros no sean desorbitados, pero que, al mismo tiempo, sean viables para sostener el proyecto. Esperamos que esto ayude a las lectoras a tomar consciencia de lo que supone. El precio de venta de este libro se divide de la siguiente forma:

Trabajo de impresión y postimpresión:	1,8€
Trabajo de edición y corrección:	2,4€
Autoría:	0,0€
Trabajo de distribución:	1,8€
Librería u otros:	2,7€
IVA:	0,3€
PVP:	9€

Ecología del libro

Cada vez que se comparte un libro, el impacto ecológico de haberlo producido se divide entre dos. Si se comparte de nuevo se divide entre cuatro... Así, hasta el infinito.

Por eso incluimos, en cada una de nuestras ediciones, una hoja de más; para que se anoten las personas que han compartido el mismo libro.

Nombre　　　　　**Lugar**　　　　　**Fecha**

_____

_____

_____

_____

_____

_____

_____

_____

_____

_____

_____

_____

_____

Este libro se acabó de maquetar e imprimir
en diciembre del 2024, Barcelona.
Abandonamos este año infame con el auge de la lucha
por el derecho a la vivienda en toda la península Ibérica y
celebrando la solidaridad con las afectadas de la Dana
y el fascismo en el País Valencià.